“十二五”普通高等教育本科国家级规划教材
普通高等学校体育教育专业主干课配套教材

运动生物化学实验

Yundong Shengwu Huaxue Shiyan

（第二版）

主编　张蕴琨　丁树哲

高等教育出版社·北京

内容提要

本教材是教育部首批“十二五”普通高等教育本科国家级规划教材，也是《运动生物化学（第二版）》的配套教材。为深化运动生物化学实验教学改革，满足高等学校体育专业实验教学的需求，本书在第一版实验教材的基础上进行了修订。同时，在实验教学体系、实验内容等方面力求有所突破和创新。

本教材共分6个部分，各部分衔接得当，力求反映体育专业运动生物化学实验的特色，进一步体现科学性、实用性、可操作性和拓展性。各院校可根据自身的条件和课程安排，有选择地开设相关实验。

本教材是普通高等学校体育教育专业主干课配套教材，可供体育院校本、专科学生学习、备考使用。

图书在版编目（CIP）数据

运动生物化学实验/张蕴琨，丁树哲主编．--2版．--北京：高等教育出版社，2016.7（2019.6重印）
ISBN 978-7-04-045772-8

Ⅰ．①运… Ⅱ．①张… ②丁… Ⅲ．①运动生物化学-实验-高等学校-教材 Ⅳ．①G804.7-33

中国版本图书馆CIP数据核字(2016)第147063号

策划编辑 赵文良　责任编辑 赵文良　封面设计 姜　磊　版式设计 马　云
责任校对 胡美萍　责任印制 耿　轩

出版发行 高等教育出版社
社　　址 北京市西城区德外大街4号
邮政编码 100120
印　　刷 北京市白帆印务有限公司
开　　本 787mm×960mm　1/16
印　　张 12.5
字　　数 220千字
购书热线 010-58581118
咨询电话 400-810-0598
网　　址 http://www.hep.edu.cn
　　　　 http://www.hep.com.cn
网上订购 http://www.hepmall.com.cn
　　　　 http://www.hepmall.com
　　　　 http://www.hepmall.cn
版　　次 2006年7月第1版
　　　　 2016年7月第2版
印　　次 2019年6月第3次印刷
定　　价 18.80元

物 料 号 45772-00

本书编委会

主　　编　张蕴琨（南京体育学院）

　　　　　　丁树哲（华东师范大学）

副 主 编　张　林（苏州大学）

　　　　　　徐晓阳（华南师范大学）

　　　　　　林文弢（广州体育学院）

编写成员（以姓氏笔画为序）

　　　　　　王　斌（南京体育学院）

　　　　　　刘丽萍（河北体育学院）

　　　　　　张　缨（北京体育大学）

　　　　　　金其贯（扬州大学）

　　　　　　徐　明（成都体育学院）

　　　　　　徐国琴（广州体育学院）

　　　　　　阎守扶（首都体育学院）

　　　　　　常　波（沈阳体育学院）

　　　　　　蒋晓玲（南京体育学院）

　　　　　　熊正英（陕西师范大学）

前　言

运动生物化学是高等学校体育专业一门重要的专业基础课程。实验教学是运动生物化学教学的重要组成部分，它既与理论教学有联系，又是一个相对独立的部分，有其自身的体系和规律。运动生物化学实验的原理、方法和技术是运动人体科学重要的研究手段，并已在运动实践中得到广泛的应用，在推进竞技体育和大众健身的科学化进程中有着不可替代的作用。

本教材是教育部首批"十二五"普通高等教育本科国家级规划教材，也是《运动生物化学（第二版）》的配套教材。为深化运动生物化学实验教学改革，满足高等学校体育专业实验教学的需求，我们对第一版实验教材进行了修订。修订主要在以下方面有所突破和创新：

1. 优化整合了实验教学体系，教材的框架由四个部分拓展为六个部分，层次性系统性更强。

2. 改革更新了部分实验内容，增加了一些先进的实验技术和方法，如骨比重、骨密度的测试、组织谷胱甘肽的测试等，体现时代性和需求性。

3. 将综合性设计性实验分为独立的两部分，分别增加内容和比重，强调实用性和可操作性，以更好地引导学生创新，强化能力培养。

4. 基础性实验在介绍方法与操作后增加了思考题，启发学生思维，深刻理解实验原理，将运动生物化学理论与实验有机结合，提高学生在运动实践中分析问题解决问题的能力。

本教材共分六个部分。第一部分为运动生物化学实验的基本操作和基本技术，简要介绍实验室的基本要求，以及常用玻璃仪器的清洁与使用、实验样品的采集与制备方法等，为后续实验的顺利完成奠定了基础。第二部分为运动生物化学基础性实验，介绍了一些实用的经典实验，使学生对基本实验方法有比较完整的认识和了解，有利于基本技能的训练。第三部分为运动生物化学综合性实验，着重强调将运动生物化学常用的指标与方法融会贯通，应用到体育运动的实践中，体现了实验教学的改革与创新。第四部分为运动生物化学设计性实验，主要介绍实验的设计过程，让学生在完成基础性实验和综合性实验的基础上，结合所学知识自行设计实验方案，进行研究的初步训练，促进学生科学思维的形成，也为毕业论文研究工作打下基础。第五部分为运动生物化学拓展性实验，围绕当前运动人体科学研究的重点、热点，系统介绍了相关专题的指标应用和测试方法，有利于学生扩大知识面、开阔视野，又给教师和学生一定的选择空间。第六部分为运动生物化学常用仪器及技术，与前几个部分实验紧密配套，前呼后应，也可促进各院校实验室的建设。

本教材力求反映体育专业运动生物化学实验的特色，进一步体现科学性、实用性、可操作性和拓展性。各院校可根据自身的条件和课程安排，有选择地开设相关实验。由于编者水平有限，疏漏或错误之处在所难免，希望在使用过程中不断得到各方面的反馈信息，以便进一步完善。

张蕴琨

2016 年 5 月

目　　录

第一部分　运动生物化学实验的基本操作和基本技术

1

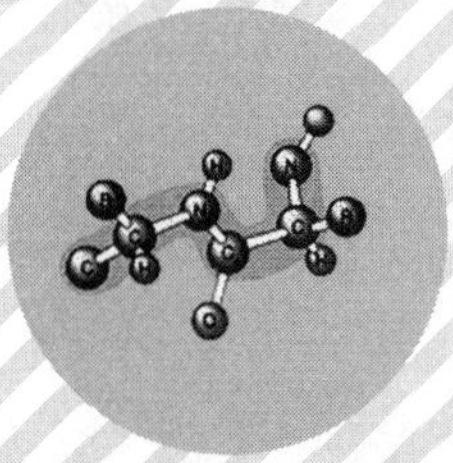

一、实验室的基本要求

（一）实验目的

（1）加深理解：加深对运动生物化学基本理论的理解。

（2）掌握技术：掌握运动生物化学的基本实验方法和实验技术。

（3）培养能力：培养学生的思维能力、动手能力和表达能力。

（4）掌握精髓：科学的精髓是实事求是、敢于探索、善于创新的精神，要对实验中出现的现象进行讨论，并大胆地提出自己的看法。

（二）实验要求

（1）实验前必须预习实验指导和相关理论，明确实验目的、原理、预期的实验结果、操作步骤及注意事项。

（2）实验时要严肃、认真，注意观察实验过程中出现的现象和结果。

（3）实验中，应及时把实验数据和实验现象如实地记录在实验记录本上。根据实验结果进行科学分析，按时将实验报告交老师评阅。

（三）实验时注意事项

（1）进实验室要穿好实验服，以免酸碱腐蚀衣服。

（2）进实验室前准备好实验指导、课本、笔记、实验记录本、报告本和文具等。

（3）进入实验室后，每位同学应自觉遵守课堂纪律，维护课堂秩序，不得在实验室内大声喧哗。按实验分组指定座位就坐，不得随意调换。

（4）要保持实验台面、地面、水槽及试剂架整洁，试剂、仪器应整齐，按次序放置。实验完毕，需将试剂摆放整齐，玻璃器皿洗净后放置稳妥。

（5）实验室内要保持安静，不得喧哗、玩闹、不得吸烟、随地吐痰和乱丢纸屑。

（6）要爱护仪器，节约药品。实验时要按照清单清点仪器和实验药品，用后如数交还。在使用时，仪器如有破损应及时报告，经指导老师检查后填写破损单，按学校规定赔偿。

（7）使用贵重、精密仪器应先熟悉使用方法，严格遵守操作规程。仪器发生故障时应立即报告老师，未经许可不得自己随意检修。

（8）要节约水电，实验完毕，应及时关闭水龙头并关闭电源。

（四）试剂使用规则

（1）使用试剂前应仔细辨认标签、看清名称和浓度，确认是否为本实验所需要。

（2）取出试剂后，应立即将瓶塞盖好，放回原处。试剂瓶塞、专用吸量管、滴管，不得与试剂瓶分离，以免错用而污染试剂，造成自己或他人实验的失败。未用完的试剂不得倒回瓶内。

（3）使用滴管时，滴管尖端朝下，切勿倒置，勿使试剂流入橡皮帽内。

（4）使用有毒试剂或强酸、强碱溶液时，尽可能用量筒量取；若用吸管时只能用吸耳球吸取，勿用嘴吸，以免造成意外。

（5）多余的重要试剂和各种有污染的液体或凝胶，要按照要求进行回收，不得丢弃。

（6）配制的试剂和实验过程中的样品，尤其是保存在冰箱中和冷冻室中的样品，必须贴上标签，写上品名、浓度和日期。放在冰箱中的易挥发溶液或酸性溶液必须严密封口。

（五）废弃物的处理

（1）所有固体废弃物，如用过的滤纸、棉花等，必须倾弃于垃圾桶内。

（2）浓酸必须弃于小钵中，用水稀释后倒入水池中。

（3）实验完成后的沉淀或混合物中有可提取的贵重药品不可随意丢弃，应注意回收。

（六）实验报告

书写实验报告不仅是对每次实验的总结，同时是培养学生逻辑归纳能力、综合分析能力和文字表达能力，为以后撰写科研论文奠定基础的一项重要技能训练。所以，参加实验的每位学生，应当根据实验过程中记录和观察到的现象和实验数据及时、认真地分析总结并写出实验报告。努力做到内容实事求是，分析全面具体，文字简练通顺，誊写清楚整洁。一般好的实验报告应包括以下内容。

（1）实验名称。实验名称不仅用简练语句反映实验内容，而且包括实验时间、实验地点、实验组号、实验者姓名、实验室条件（温度、湿度等）和实验类型（验证型实验、综合型实验和设计型实验等）。

（2）实验目的。目的要明确，在理论上验证书本中所述现象，并使实验者获得比较深刻和系统的理解；在实践中，掌握使用实验设备的技能、技巧。

（3）实验原理。简明扼要地阐述实验的理论指导，使未做过实验的人看后对该实验有一个初步的了解。

（4）试剂和仪器。包括该实验使用的仪器设备（生产厂家和型号）和试剂（包括名称、浓度、配制方法等）。

（5）实验步骤。写明主要操作步骤，不要照抄实习指导，要简明扼要地把实验步骤一步步写出。可用实验流程图或表格形式按照先后顺序表示。实验步骤一定要写得准确明白，以便他人能够重复实验。

（6）实验结果。主要包括实验现象的描述、原始数据的记录、实验数据的处理和实验结论等。实验结果的表述，一般有两种方法：一种是文字叙述，即根据实验目的将原始资料系统化、条理化，用准确的专业术语客观地描述实验现象和结果，要有时间顺序以及各项指标在时间上的关系；另一种是利用图表来表示，即用表格或坐标图的方式使实验结果突出、清晰，便于相互比较，尤其适合于分组较多，且各组观察指标一致的实验，使组间的异同一目了然。每一图表应有表目和计量单位，并说明一定的中心问题。此外，有些时候还可以应用仪器记录仪描记出的曲线图，这些图可以使指标的变化趋势生动形象和直观明了。在实验报告中，可任选其中一种或几种方法并用，以获得最佳效果。

（7）讨论。根据相关的理论知识对所得到的实验结果进行解释和分析。如果所得到的实验结果和预期的结果一致，应阐述该实验验证了什么理论，实验结果有什么意义，说明了什么问题。但是，不能用已知的理论或生活经验硬套在实验结果上，更不能由于所得到的实验结果与预期的结果或理论不符而随意取舍甚至修改实验结果，而是应该分析其异常结果的产生原因。如果本次实验失败了，应找出失败的原因及应注意的事项。另外，要对本次实验在运动实践中的意义及应用提出一些问题及自己的观点。实验结果和讨论是实验报告书写的重中之重，一定要论证充分，尽可能多地查阅一些文献资料，充分运用已学过的知识，对实验的正常结果和异常现象以及思考题进行深入的探讨，勇于提出自己独到的分析和见解，并尝试对实验过程提出改进意见。

附：实验报告格式

运动生物化学实验报告

________学年　　　第________学期

实验名称：

姓名		学号		组别	
实验地点		实验条件		实验日期	
一、实验目的					

续表

二、实验原理
三、实验试剂和仪器设备
四、实验步骤
五、实验结果

续表

六、讨论和分析
教师评阅意见

二、生化实验的基本操作

生物化学实验中需要掌握多种基本技术操作，如各种玻璃仪器和测量仪器的正确使用，技术操作中样品混匀、保温、加热、沉淀、过滤、离心等。如果这些操作不规范，将直接影响实验结果的准确性。因此，熟练和掌握生物化学实验的一些基本操作是非常必要的。为此，首先介绍一些常用仪器使用和操作过程中的几项基本技术，并要求学生反复练习以达到熟练程度。

（一）玻璃仪器的洗涤与清洁

玻璃仪器的洗涤与清洁直接影响实验结果的准确性，因此玻璃仪器的洗涤工作是很重要的。

1. 新购置玻璃仪器的清洗

新购置来的玻璃仪器表面附着有游离的碱性物质，应先用肥皂水洗刷后再用流水冲洗，浸泡于 1%～2% HCl 中过夜，取出后再用流水冲洗，最后用蒸馏水冲洗 2～3 次，在 100 ℃～130 ℃ 干燥箱中烤干或自然晾干后备用。

2. 使用过的玻璃仪器的洗涤

（1）一般玻璃仪器。烧杯、三角烧杯、试剂瓶、试管等，可先用洗衣粉或肥皂水刷洗，将器皿内外壁细心地刷洗，使其尽量多地产生泡沫，然后再用自来水洗干净，洗至容器内壁光洁不挂水珠为止，最后用蒸馏水冲洗 2~3 次，晾干备用。

（2）容量仪器。吸量管、容量瓶、滴定管等在使用后立即用清水冲洗，勿使黏污物质干固，并及时用流水或洗衣粉水尽量洗涤，稍干后用铬酸洗液浸泡数小时，然后用自来水反复冲洗，将洗液完全洗去，最后用蒸馏水冲洗 2~3 次，晾干备用。

（3）比色杯。用毕立即用自来水反复冲洗干净，如不干净，可用 HCl 或适当溶剂冲洗（避免用较强的碱液或强氧化剂清洗），再用自来水冲洗干净。切忌用试管刷或粗糙的布或纸擦洗，以保护比色杯透光性，冲洗后倒置晾干备用。

3. 清洗液的原理与配制

（1）肥皂水、洗衣粉溶液和去污粉是常用的洗涤剂，有乳化作用，可除去污垢，能使脂肪、蛋白质及其他黏着性物质溶解或松弛，一般玻璃仪器可直接用肥皂水浸泡或刷洗。

（2）铬酸洗液。

① 原理：铬酸洗液由重铬酸钾（或重铬酸钠）和浓硫酸配制而成，其清洁效力主要来自其强氧化性和强酸性。

$$K_2Cr_2O_7+H_2SO_4 \rightarrow H_2Cr_2O_7+K_2SO_4$$

$$\downarrow$$

$$2CrO_3(\text{铬酐,红色})+H_2O$$

$$\downarrow$$

$$Cr_2O_3(\text{绿色})+3(O)$$

$$H_2SO_4 \rightarrow H_2O+SO_2+(O)$$

铬酐越多硫酸越浓，其清洁效力也就越强，当洗液变绿色后则不宜应用。

② 洗液的配制：称取重铬酸钾 5 g 放于 250 mL 烧杯中，加热水 5 mL 搅拌，使其尽量溶解，烧杯下垫一石棉网以防过热，然后慢慢加入工业用浓硫酸 100 mL，随加随搅拌，尽量避免红色铬酐沉淀析出。此时洗液由红黄色转为黑褐色，冷却后储存于指定容器内，盖紧以防吸水并贴上标签。

4. 清洗液的使用

使用洗液前需将玻璃仪器用自来水冲洗数次，并将仪器上的水分尽量除去，再放洗液中浸泡。数小时后取出仪器，用自来水充分清洗，冲洗时注意勿将洗液溅出水槽，再用少量蒸馏水冲洗数次，晾干备用。

上述两种洗液是常用的，实验中遇到特殊污染物，可能需用针对性强的洗涤液。

（二）容器的使用

1. 烧杯

烧杯是用硬质玻璃或特硬玻璃制成的，主要用于溶解较多量的物质或加热较多量的液体。常用烧杯的类型和规格有以下几种（图1-1、表1-1）。

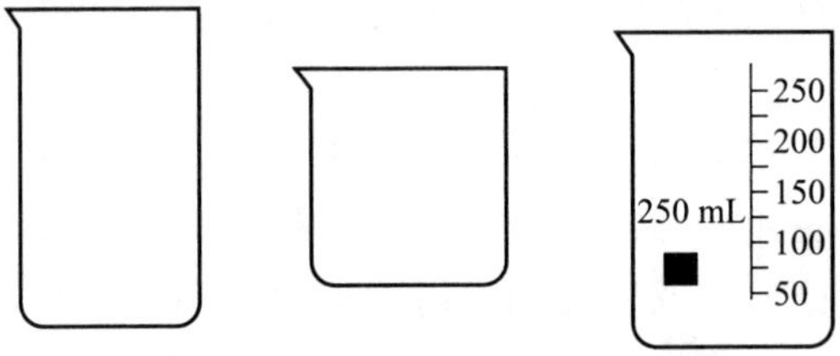

高型　　低型　　印标烧杯

图1-1　烧杯的类型

表1-1　烧杯的规格

类型	规格（mL）
低型	50、100、150、200、250、300、400、500、600、800、1 000、2 000、3 000、5 000
高型	50、100、150、200、250、300、400、500、600、800、1 000
印标烧杯	与低型类似

为了便于在操作过程中定量地保持溶液的体积，有一些烧杯印有容积标线，这就是印标烧杯。其容积标记是近似容积。

使用烧杯应注意下列规则：

（1）不能用火焰直接加热。烧杯底面较大，若用火焰直接加热，由于加热的部位与远离火焰部位温差过大，会使玻璃膨胀不均而破裂。所以，用烧杯加热液体时必须垫上石棉网。加热前还需把烧杯外壁擦干。

（2）用烧杯加热液体时，液体量以不超过烧杯容量的1/3为宜，如用烧杯蒸发溶液时，最好在烧杯上放一个用玻璃棒制成的三角架，上边再正放一个表面皿，以免液体溅失或落入尘埃。不能用烧杯加热易燃液体，以防发生火灾，也不能用烧杯加热蒸发挥发性强酸，以免污染环境。

（3）不能用烧杯代替茶杯使用，以保证安全。

（4）不可在烧杯中长期存放化学药剂。

（5）溶解物质用玻璃棒搅拌时，不能触及杯壁或杯底。

此外，为了弥补玻璃烧杯易碰破的缺点，近年来又出现了塑料烧杯。这种烧杯只能用水浴加热，或在不需要加热的实验中使用。

2. 烧瓶

烧瓶常用作加热条件下的反应器或气体发生器。常用的烧瓶有以下几种（图 1-2）。

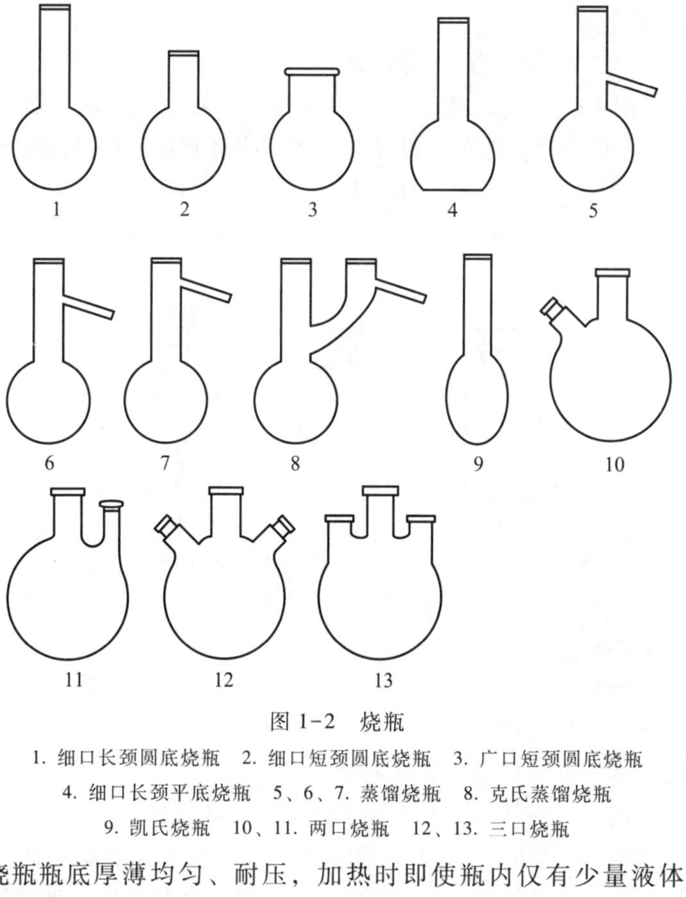

图 1-2　烧瓶

1. 细口长颈圆底烧瓶　2. 细口短颈圆底烧瓶　3. 广口短颈圆底烧瓶
4. 细口长颈平底烧瓶　5、6、7. 蒸馏烧瓶　8. 克氏蒸馏烧瓶
9. 凯氏烧瓶　10、11. 两口烧瓶　12、13. 三口烧瓶

圆底烧瓶瓶底厚薄均匀、耐压，加热时即使瓶内仅有少量液体也不致破裂。常用来做煮沸或加热条件下的反应容器，也常用来做喷泉实验。平底烧瓶能放在桌面上，可用来装配洗瓶。

平底烧瓶的底部边缘棱角应力大，加热时容易炸裂，故一般用作不加热的反应器。

克氏蒸馏烧瓶，用于减压蒸馏。当减压蒸馏发生突沸时，冲出的液体只能有一部分进入杈管，并再次回流入烧瓶。若用一般蒸馏烧瓶，冲出的液体可能进入支管，使蒸馏受到破坏。

凯氏烧瓶专门用于“凯氏定氮法”的第一步。

使用注意事项：

（1）盛液量一般不超过烧瓶容积的 2/3。

（2）要固定在铁架台上，加热时应垫上石棉网。

（3）加热前擦干烧瓶外壁。为防液体爆沸，可加适量碎瓷片。

3. 试剂瓶

试剂瓶有广口瓶、细口瓶与滴瓶之分。

广口瓶（图 1-3（a））用于盛装固体药剂，瓶口大，取、装固体比较方便。广口瓶有无色和棕色两种，见光易分解的固体物质，应使用棕色瓶。广口瓶有具磨口瓶塞和无塞两种。规格以容量计有：30 mL、60 mL、125 mL、250 mL、500 mL、1 000 mL、2 000 mL、3 000 mL、5 000 mL、10 000 mL 等多种。

(a) 广口瓶　(b) 细口瓶　(c) 滴瓶

图 1-3　试剂瓶

使用注意事项：

（1）不能加热。

（2）瓶塞不能任意调换。

（3）盛固体烧碱时应用橡皮塞塞紧。

（4）不使用时应在瓶口磨砂面加上纸条，以防粘连。

细口瓶（图 1-3（b））用于盛装液体试剂，有无色和棕色两种。见光易分解的试剂，应使用棕色瓶，如硝酸银溶液。细口瓶均具磨口玻璃瓶塞。细口瓶的规格以容量计：有 30 mL、60 mL、125 mL、250 mL、500 mL、1 000 mL、2 000 mL 等多种。细口瓶盛装碱溶液时应使用胶塞，以免粘连。

滴瓶（图 1-3（c））分无色和棕色两种，有 30 mL、60 mL、120 mL 三种规格，盛放少量液体试剂。

取液时，先取出滴管，捏紧胶头，排除空气和液体，再从瓶中吸取适量液体。

滴管取出后，不可平放和倒放，滴试剂时，滴管下端切勿接触接收器皿，用后立即放回原瓶。

4. 试管

试管盛取少量药品，用做化学、生物、物理、医学、工业等的实验。根据实验条件不同，试管有普通试管和硬质试管两种。普通试管可用一般玻璃制成，这种试管只能用于不加热的实验，或者进行沸点不高的溶液实验。硬质试管是用硬质玻璃或特硬玻璃制成，适用于加热固体。做浓酸、浓碱、贵重物质的实验时，也应使用硬质试管。

试管一般有三种样式，即一般试管、刻度试管、具支试管（图 1-4）。一般试管用于一般的化学实验，刻度试管便于控制液体药剂的体积，兼有小量筒的作用，具支试管可作小量蒸馏用或作小量洗气用。

图 1-4　试管

使用试管应注意下列规则：

（1）用试管盛取液体药剂，不能超过试管容量的 1/3，加热时应使用试管夹，且试管与台面保持约 40°角。试管口不能对着人。

（2）试管加热前，应把外壁擦干，以防试管受热不匀而炸裂。

（3）块状或颗粒状且密度又大的物质，应倾斜试管，使之沿试管壁慢慢地滑下，以防砸破试管底。

（4）加热试管中的固体时，应先预热，然后固定加热。为防止湿存水或分解水冷凝回流到灼热试管底部，试管口应稍向下倾斜。

（5）干烧过的试管不能立即放回试管架，因灼热的试管底部可能遇湿而炸裂，如果是塑料试管架则会被烫熔而出现熔洞。应该放在石棉网上，让其慢慢冷却。

（6）管底不能接触酒精灯的灯芯。

（7）振荡时用拇指、食指、中指夹持管的上端，用腕力甩动试管底部。

（8）粘有银或铜的试管可用稀硝酸除去；附有 MnO_2的试管可用浓 HCl 并加热除去；粘有苯酚时可用 NaOH 溶液除去；盛过石灰水后附有一层白色固体的试管可用 HCl 除去；粘有油脂的试管可用热 NaOH 溶液除去。

（三）量器类的使用法

量器是指对液体体积进行计量的玻璃器皿，如滴定管、移液管、容量瓶、量筒、刻度吸量管、刻度离心管及自动加液管等。

1. 滴定管

滴定管分常量与微量滴定管。常量滴定管又分为酸式与碱式两种，各有白色、棕色之分。酸式滴定管用于盛装酸性、氧化性以及盐类的稀溶液。碱式滴定管用来盛装碱性溶液。棕色滴定管用于盛装见光易分解的溶液。常量滴定管的容积有 20 mL、25 mL、50 mL、100 mL 四种规格。微量滴定管分为一般微量滴定管和自动微量滴定管，容积为 1 mL、2 mL、5 mL 等规格，刻度精度因规格不同而有所区别。

滴定管主要用于容量分析，它能准确读取试液用量，操作比较方便。操作时，一般左手握塞，右手持瓶；左手滴液体，右手摇动。在滴定台上衬以白纸或者白瓷板，以便观察锥形瓶内的颜色。滴定速度以 10 mL/min，即每秒 3~4 滴为宜。接近终点时，滴速要慢。甚至每秒半滴或 1/4 滴地进行滴定，以免过量。达到终点后稍停 1~2 min，等待内壁挂有的溶液完全流下时再读取刻度数。正确读取容积刻度是减少容量分析实验误差的重要措施。滴定管的读数方法，可依个人的习惯而不同。但是在同一实验中读取容积刻度时，必须以液面的同一特征标志为准，以保证其系统误差。

一般读数方法：

（1）普通滴定管读取数据，双眼与液面同水平读数。

（2）有色液读取数据是溶液弯月面两侧最高点连线与刻度线重合点。

（3）无色液读取数据是溶液弯月面最低点水平线与刻度线重合点。

2. 吸量管

吸量管是生化实验最常用的仪器之一，它可准确地量取溶液的体积，测定的准确度与吸量管的正确选择和使用有着密切的关系。

（1）分类。常用的吸量管可分为三类。

① 奥氏吸量管：供准确量取 0.5 mL、1 mL、2 mL 液体时用。每根吸量管上只有一个刻度，放液时必须吹出残留在吸量管尖端的液体，主要用于量取黏滞系数大的液体。

② 移液管：供准确量取 50 mL、25 mL、10 mL、5 mL、2 mL、1 mL 等较多体积液体时用。每根吸量管上只有一个刻度，放出液体后，将吸量管尖在容器内壁上继续停留 15 s，注意不要吹出尖端最后的部分。

③ 刻度吸量管：供量取 10 mL 以下任意体积的液体时用，分全流出式与不完全流出式两种。全流出式一般包括尖端部分，欲将所量取液体全部放出

时，须将残留管尖的液体吹出。此类吸量管的上端常标有“吹”字。不完全流出式其刻度不包括吸量管的最后一部分，放液后残留在管尖的液体不必吹出，吸量管上端未标有“吹”字样。

（2）吸量管的使用方法。

① 选择：使用前先根据需要选择适当的吸量管，刻度吸量管的总容量最好等于或稍大于最大取液量。临用前要看清容量和刻度。

② 执管：用拇指和中指（辅以无名指），持吸量管上部，用食指堵住上口并控制液体流速，刻度数字要朝向操作者。

③ 取液：将吸量管插入液体内（不得悬空，以免液体吸入球内），用洗耳球将液体吸至所需刻度上方，移开洗耳球，迅速用食指按紧管口，然后抽离液面。

④ 调准刻度：将吸量管提出液面，吸黏性较大的液体（如全血、血清、血浆）时，先用滤纸擦干管尖外壁，然后用食指控制液体缓慢下降至所需刻度（此时液体凹面，视线和刻度应在同一水面上），并立即按紧吸量管上口。

⑤ 放液：放松食指，使液体自然流入容器内。放液时，管尖最好接触容器内壁。但不要插入容器内原有的液体中，以免污染吸量管和试剂。

⑥ 洗涤：吸血液、血清等黏稠液体及标本（尿液）的吸量管，使用后要及时用自来水冲洗干净。吸一般试剂的吸量管可不必马上冲洗，待实验完毕后再冲洗。吸量管冲洗干净后，最后用蒸馏水冲洗一次，晾干备用。

使用吸量管应注意以下几点：

（1）吸溶液时，尖嘴应深入液面约 10 mm，并随液面的下降而下降，保持尖嘴始终在液面下约 10 mm。

（2）吸管用毕，在短期不再使用时，应洗净收好，防止尖嘴碰坏。尖嘴如已损坏，则不能再用。

3. 容量瓶

容量瓶也叫量瓶（图 1-5），属于精密量器，主要用于配制一定浓度的溶液（物质的量浓度）。容量瓶颈上刻有标线，表示在 20 ℃，溶液装至标线的容积。目前有 10 mL、25 mL、50 mL、100 mL、250 mL、500 mL、1 000 mL、2 000 mL 几种规格，并有白色、棕色两种颜色。

使用方法：使用前应先检查容量瓶的瓶塞是否漏水，瓶塞应系在瓶颈上，不得任意更换。瓶内壁不得挂有水珠，所称量的任何固体物质都必须先在小烧杯中溶解或加热溶解，冷却至室温后，才能转移到容量瓶中。

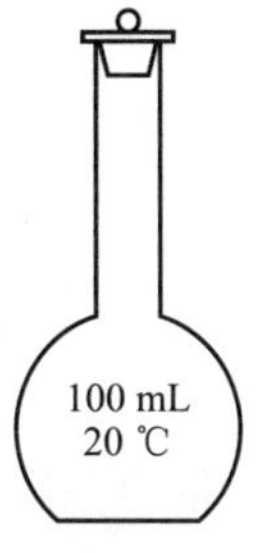

图 1-5　容量瓶

使用容量瓶的规则是：

（1）容量瓶不允许加热。

（2）磨口瓶塞应用结实的细绳拴在瓶颈上。

（3）容量瓶使用前应先进行密合性实验。按容量瓶容量加水，把口、塞擦干并塞紧瓶塞。用手轻压瓶塞，使瓶塞向下倒立，停留 10s。然后用滤纸擦瓶口，看是否渗水。若不渗水，方可使用。

（4）配制溶液时，应先将称好的固体溶质在干净的烧杯中用部分蒸馏水完全溶解。在溶解过程中如有温度变化，必须等温度恢复室温后再把溶液转移到容量瓶中。烧杯需用少量蒸馏水冲洗 2~3 次，冲洗液也要转移到容量瓶中。然后分几次加蒸馏水至接近标线，每次加水后都应将瓶塞塞紧，再把量瓶摇匀。最后改用胶头滴管滴加蒸馏水至标线并反复颠倒摇匀。配制好的溶液，应贮在试剂瓶中。

（5）用毕的容量瓶应及时洗净，塞上塞子，并在磨口与瓶塞之间垫一纸条，以防再用时不易打开瓶塞。

4. 量杯、量筒

量杯（图 1-6）是生化实验中常用的玻璃量器，量杯的分度数值自下而上排列，上密下稀，表示全容量的数值刻于最上方，有 5 mL、10 mL、20 mL、50 mL、100 mL、250 mL、500 mL、1 000 mL、2 000 mL 的规格。

量杯口大，底座较重，可以直接将固体放入杯中配制溶液（能溶于水，不大量放热的固体）。量杯是测量精度较差的量器，只能在测量精度要求不高的条件下使用，不能加热。

量筒（图 1-6）是化学实验中常用量器，它的测量精度稍高于量杯，但仍属粗量器，可用来量取要求不太严格的溶液体积。

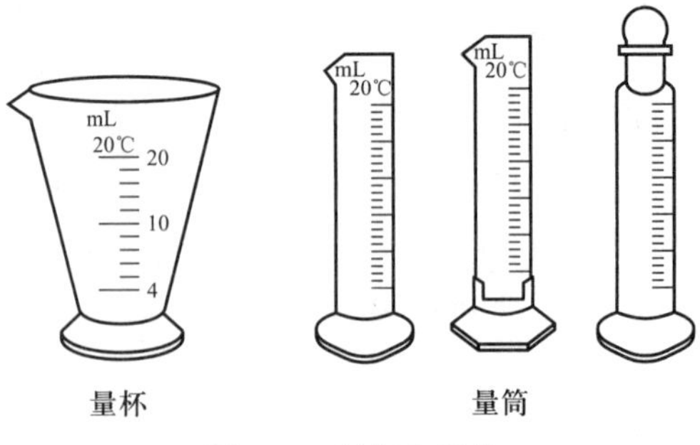

图 1-6　量杯和量筒

量筒分度表的数值自下而上排列，数值自全容量数值的 1/10 开始，如 50 mL 量筒的最低标线为 5 mL。在配制要求不太准确的溶液浓度时，使用量筒比较方便。量筒有从 5~2 000 mL 十余种规格。用量筒量取液体体积是一种粗略的计量法，所以，在使用中必须选用合适的规格，不要用大量筒计量小体积溶液，也不要用小量筒多次量取大体积的溶液。读取刻度的方法与容量瓶和滴定管相同。

使用注意事项：

（1）不能加热和量取热的液体，不能作反应的容器和在量筒里溶解或稀释溶液。

（2）应根据量取液体的多少选用大小适当的量筒。

（3）量液时必须把量筒放平稳。

（4）量筒没有“0”的刻度，一般起始刻度为总容积的 1/10。

（5）读数时应使视线与量筒内液体的凹液面最低处保持水平。

（四）移液器的使用

移液器又叫自动取液器或移液枪，在生化实验中经常使用，它们主要用于多次重复的快速定量移液，可以只用一只手操作，十分方便。移液的准确度（即容量误差）为±0.5%~1.5%（体积分数），移液的精密度（即重复性误差）更小，小于±0.5%（体积分数）。

1. 移液器的分类

移液器可分为 2 种：一种是固定容量的，常用的有 100 μL、200 μL 和 1 000 μL 等几种；另一种是可调容量的取液器，常用的有 10 μL、20 μL、100 μL、200 μL、1 000 μL 和 5 000 μL 等多种规格。每种移液器都有其专用的聚丙烯塑料吸头，吸头通常是一次性使用，当然也可以经超声清洗后重复使用，而且此种吸头还可以进行 120 ℃高压灭菌。

可调式自动取液器的操作方法是用拇指和食指旋转取液器上部的旋钮，使数字窗口出现所需容量体积的数字。

2. 移液器的使用方法

在取液器下端插上一个塑料吸头，并旋紧以保证其气密性，然后四指并拢握住取液器上部，用拇指按住柱塞杆顶端的按钮，向下按到第一停点，将取液器的吸头插入待取的溶液中，缓慢松开按钮，吸上液体，并停留 1~2 s（黏滞性大的溶液可加长停留时间），将吸头沿器壁滑出容器（图 1-7），用吸水纸擦去吸头表面可能附着的液体，排液时吸头接触倾斜的器壁，先将按钮按到第一停点，停留 1 s（黏滞性大的溶液要加长停留时间），再按压到第二停点，吹出吸头尖部的剩余溶液，如果不便于用手取下吸头，可按下除吸头的推杆，将吸头推入废物缸。

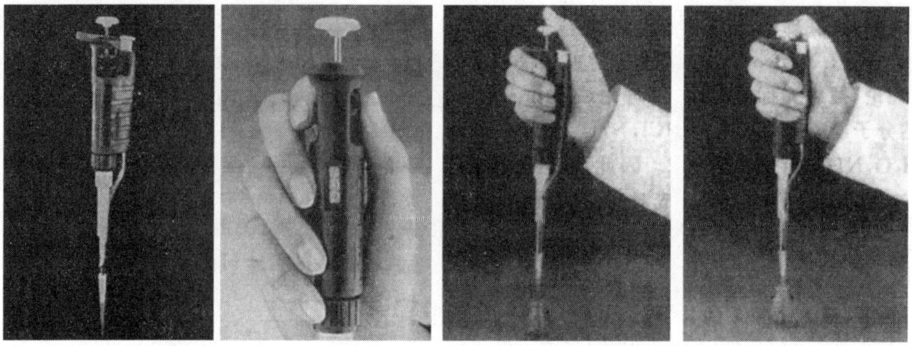

图 1-7　自动取液器（pipette）示意图

3. 使用移液器的注意事项

（1）吸取液体时一定要缓慢平稳地松开拇指，绝不允许突然松开，以防将溶液吸入过快而冲入取液器内，从而腐蚀柱塞而造成漏气。

（2）为获得较高的精度，吸头需预先吸取一次样品溶液，然后再正式移液，因为吸取血清蛋白质溶液或有机溶剂时，吸头内壁会残留一层“液膜”，造成排液量偏小而产生误差。

（3）尝试移取黏度大的液体，会产生误差，为消除其误差的补偿量，可由试验确定，补偿量可用调节旋钮改变读数窗的读数来进行设定。

（4）可用分析天平称量所取纯水的重量并进行计算的方法，来校正取液器，1 mL 蒸馏水，20 ℃时，质量为 0.998 2 g。

（五）一般操作方法

1. 溶液的混匀

样品与试剂的混匀是保证化学反应充分进行的一种有效措施。为使反应体系内各物质迅速地互相接触，必须借助于外加的机械作用。混匀时须防止容器内液体溅出或被污染，严禁用手指直接堵塞试管口或锥形瓶口振摇。溶液稀释时也须混匀。混匀的方法通常有以下几种：

（1）搅动混匀法。适用于烧杯内溶液的混匀。如固体试剂的溶解和混匀。搅拌使用的玻璃棒必须两头都圆滑，棒的粗、细、长、短必须与容器的大小和所配制的溶液的多少呈适当的比例关系。搅拌时必须使搅棒沿着器壁运动，以免搅入空气或使溶液溅出。倾入液体时必须沿着器壁慢慢倾入，以免产生大量气体，倾倒表面张力低的液体更要缓慢、仔细。研磨配制胶体溶液时，搅棒沿着研体的一个方向进行，不要来回研磨。

（2）旋转混匀法。适用于锥形瓶、大试管内溶液的混匀。手持容器使溶液作离心旋转，以手腕、肘或肩作轴旋转。

（3）指弹混匀法。适用于离心管或小试管内溶液的混匀。左手持试管上端，用右手指轻轻弹动试管下部，或用一只手的大拇指和食指持管的上端，用其余三个手指弹动离心管，使管内的液体作旋涡运动。

（4）振荡混匀法。适用振荡器使多个试管同时混匀，或试管置于试管架上，双手持管架轻轻振荡，达到混匀的目的。

（5）倒转混匀法。适用于有塞量筒和容量瓶及试管内容物的混匀。

（6）吸量管混匀法。用吸量管将溶液反复吸放数次，使溶液混匀。

（7）甩动混匀法。右手持试管上端，轻轻甩动振荡即可混匀。

（8）电磁搅拌混匀法。在电磁搅拌机上放上烧杯，在烧杯内放入封闭于玻璃或塑料管中的小铁棒，利用磁力使小铁棒旋转以达到混匀杯中液体的目的。适用于酸碱自动滴定，pH 梯度滴定等。

2. 过滤法

过滤是分离沉淀和滤液的一种方法，可用于收集滤液、收集或洗涤沉淀。可用漏斗及滤纸或吸滤法。操作时应注意以下几点：

（1）制备血滤液等实验时，要用干滤纸而不能用水把滤纸先弄湿，因为湿滤纸会影响血液稀释的体积。

（2）折叠滤纸的角度应与漏斗相合，使滤纸上缘能与漏斗壁完全吻合，不留缝隙。一般采用平折法（即对折后再对折）。

（3）向漏斗中加溶液时，使其沿玻璃棒慢慢流下，玻璃棒不能在漏斗中搅动。倒入速度不要太快，以防损失，不得使液面超过滤纸上缘。

（4）较粗的过滤可用脱脂棉或纱布代替滤纸，有时也可用离心沉淀法代替过滤法。

3. 加热法

可直接用火（电炉）或水浴加热，使用水浴时防止浴中容器倾倒。酒精灯使用时应注意：① 禁止“头碰头”点燃。② 用过后先用盖子盖一下，灭后再拿下重盖，防止形成真空，盖子打不开。③ 加热时管口不要对着人。④ 加热时管夹夹住试管的上 1/3 部分，均匀加热，再固定管底加热。

4. 烤干法

烤干试管时，应将管口向下倾斜约成 45°角，由上往下，先烤管底，最后将管口的水分烤干。烤干时须经常移动以免炸裂。试管等普通玻璃器材也可在烘箱内烘烤干。

三、实验样品的采集与制备方法

在运动生物化学实验中，常需要采集人或实验动物的血液、尿液或其他体液，有时还需要选用实验动物的肌肉、肝、肾、脑、黏膜等组织进行生物化学分析。因此，实验样品的正确采集与制备是运动生物化学实验必备的重要操作技术。

（一）人体实验样品的采集与制备

1. 尿液标本

（1）新鲜尿液。采集新鲜中段尿 100 mL 左右，置于清洁容器中，标本应尽快检测（最好在 0.5 h 内检测，常温下不得超过 2 h）。

（2）24 h 尿液。如做定量检查，应收集 24 h 尿液。其方法如下：先加少量甲苯（0.5~1 mL/100 mL 尿液）于一经消毒液浸泡过并用开水清洗过的清洁容器内。上午 7 时，让被测人排尽尿，弃去。从该日 7 时到次日上午 7 时整，让被测人将每次排出的尿液全部收集在此容器中，将尿液充分混匀。最后用量杯量尿，记下总量，从中取尿液 100~200 mL 置于清洁大试管内待检。

（3）尿液样品的保存。尿液如不能及时检测，应立即置于 4 ℃ 冰箱中保存，但不能超过 8 h。根据需要，也可低温冰冻保存，但在低温保存时，有些成分（如尿酸盐）会沉淀析出，影响其化学成分的测定。

2. 血液标本

（1）全血。当需要微量血液进行检测时，可采集末梢血，常用部位有指端或耳垂。用 75%酒精消毒手指（一般用左手无名指）或耳垂皮肤，待干后，用一次性专用采血针刺入皮肤 1.5~2 mm，使血自然流出，或在刺口远处稍加挤压，擦去第 1 滴血，用经校准过的微量吸血管准确吸血至所需要刻度（一般 10 μL~20 μL），擦去管尖周围的血后，迅速轻轻挤入待测试管液面下并立即摇匀。采血完毕后，针刺处应用消毒干棉球压迫止血。

需要全血量较大时，必须由专业人员采集静脉血后，加入适当的抗凝剂以防止血液凝固。一般将血液取出后，迅速注入含有抗凝剂的试管中，轻轻摇动，使血液与抗凝剂充分混合（注意避免剧烈摇动，否则将引起溶血）。全血制备后如不能立即进行实验，应储存在冰箱中备用。

常用的抗凝剂种类很多，选用何种抗凝剂应根据实验目的和要求而定。

① 枸橼酸钠（0.109 mol/L）：枸橼酸钠盐能与血液中的钙离子形成可溶性的络合物，从而阻止血液凝固，抗凝剂与血液之比通常为 1∶9。因枸橼酸钠溶解慢，故只能配成溶液，不能用粉剂。

② 草酸钾：草酸钾是最常用的抗凝剂，其溶解度大，与血液混合后可迅速与血液中的钙离子结合，形成不溶解的草酸钙，使血液不再凝固。常用于非蛋白氮等测定，但不适用于钾和钙的测定。通常是先配成 10%草酸钾溶液，分装于小瓶或试管内，每瓶 0.2 mL，在 80 ℃ 以下烘干后加塞备用（可抗凝

10 mL 血液）。如抽血不超过 5 mL，每瓶加 10% 草酸钾 0.1 mL 即可，不宜过多。

③ 草酸钾-氟化钠混合剂：血液内若干化学成分（如血糖）离体后易为活细胞分解，影响测定结果。草酸钾-氟化钠混合剂可抑制糖酵解中烯醇化酶的活力，常用于血糖等测定。配制方法：草酸钾 6 g，氟化钠 3 g，加蒸馏水至 100 mL。分装于小瓶或试管内，每瓶 0.25 mL，置 80 ℃以下烘干，抗凝 5 mL 血液。

④ 乙二胺四乙酸二钠（$EDTA-Na_2$）：$EDTA-Na_2$是一种钙络合剂，其有效抗凝浓度为 1~2 mg/mL 血液，适用于一般血液学检验。

⑤ 肝素：肝素是一种含有多个硫酸基团的黏多糖，是一种天然的抗凝剂。使用时，先配制 10 mg/mL 肝素生理盐水溶液，每管加 0.1 mL 横向转动试管，湿润试管壁后 80 ℃以下烤干备用，可抗凝 2~5 mL 血液。

（2）血浆。抗凝的全血在离心机中离心，使血细胞下降，如此得到的上清液为血浆。质量较好的血浆为淡黄色。制备血浆时，为避免产生溶血，必须要用干燥清洁的采血器和血管，并尽可能减少振摇。

（3）血清。不加抗凝剂的血液，室温下自然凝固，所析出的草黄色液体为血清。在制备血清标本时，关键在采血及分离过程中防止溶血，采血器及针头应干燥、无菌。采血后应将针头取下，将血液沿试管壁慢慢注入，静置 30 min 后血液凝固，血清可自然析出，也可经低速离心分离血清。如需保存，应及时将血清分离出来，切不可全血冰冻。

（4）无蛋白血滤液。血液内蛋白质含量非常丰富。分析血液中非蛋白质的各种成分（非蛋白氮、葡萄糖、肌酸）时，为了避免蛋白质干扰测定结果，需预先除去血液中的蛋白质成分。血液中加入蛋白质沉淀剂之后经离心或过滤得到的上清液或滤液称为无蛋白血滤液。

除去蛋白质的方法很多，一般可分为两类：一类是使蛋白质经脱水而沉淀，如有机溶剂（甲醇、乙醇、丙酮等）及中性盐（硫酸铵、硫酸钠、氯化钠等）沉淀法；另一类是使蛋白质形成不溶性的盐而沉淀，常用的沉淀剂有三氯乙酸、钨酸、磷钨酸、苦味酸以及金属离子 Zn^{2+}、Cu^{2+}、Hg^{2+}等。

钨酸沉淀剂常用 10% 钨酸钠 50 mL、$\frac{1}{3}$ mol/L 硫酸 50 mL、85% 磷酸 0.05 mL，加水 800 mL 配制而成。一般可用 2 个月左右，如出现浑浊即失效。在进行实验时以此液与全血或血浆、血清以 10∶1 或者 20∶1 稀释即可。用吸管吸血时放血要慢，加入试剂后充分混匀。静置 10 min 后离心沉淀，取上清液备用。此滤液适用于葡萄糖、非蛋白氮、肌酸、肌酐及尿酸等测定。而用

10%三氯醋酸作蛋白沉淀剂，所得的滤液呈酸性，利于钙磷的溶解，因此在测定血清离子含量时常采用。

（二）动物实验样品的采集与制备

1. 实验动物的常用麻醉方法

运动生物化学动物实验中最常用到大鼠、小鼠及兔等。为减少动物的挣扎并便于操作，常对实验动物采用必要的麻醉。常用方法见表1-2。

表1-2　实验动物常用麻醉方法

适用动物	麻醉方法	麻醉药品	常用浓度	给药剂量
大鼠、小鼠	吸入麻醉	乙醚	将浸透乙醚的棉球放入密闭的麻醉盒内，再将鼠放入，当鼠由兴奋转为抑制，四肢肌张力下降即可取出。	
	腹腔注射	乌拉坦	20%~25%乌拉坦水溶液	1.5~2 g/kg体重
兔	腹腔注射	乌拉坦	20%~25%乌拉坦水溶液	0.75~1 g/kg体重
	静脉注射	乌拉坦	5%~10%乌拉坦生理盐水溶液	10~20 mL/kg体重

2. 大鼠与小鼠血液的采集

（1）鼠尾采血。所需血量很少时可采用本法。固定鼠，将尾部浸入45 ℃~50 ℃温水中数分钟，使尾静脉充血，再用酒精棉球擦拭消毒，擦干。剪掉尾尖（约0.2~0.3 cm），或用7~8号注射针头直接刺破尾静脉，拭去第一滴血。然后用微量吸血管定量吸取尾血。采血完毕用干棉球压迫止血。

（2）眼眶静脉丛采血。当需用中等量血液，而又避免动物死亡时采用本法。左手拇指及食指紧紧握住大鼠或小鼠颈部，压迫颈部两侧使眶后静脉丛充血，但用力要恰当，防止动物窒息死亡。右手持玻璃毛细管从右眼或左眼内眦部以45°角刺入，小鼠刺入深度为2~3 mm，大鼠为4~5 mm。若遇阻力稍后退，调整角度后再刺入，如穿刺适当，血液能自然流入毛细管内。得到所需的血量后，即除去加于颈部的压力，拔出毛细管，用干棉球压迫止血。

（3）断头采血。当需用较大量的血液，而不需持续动物生命时采用本法。左手握住动物，右手持鼠断头器快速铡掉头颈部，倒立动物让血液滴入容器内。需注意防止断毛落入容器中。

3. 兔血液的采集

（1）耳缘静脉采血。本法为最常用的取血方法之一，可多次反复取血。将家兔固定于兔箱中，拔掉拟采血耳缘部细毛，用手指轻轻弹耳或电灯照射兔耳，使耳部血管扩张，然后消毒。左手压迫耳根，用针头刺破静脉或以刀片在血管上切一小口，让血液自然流出。也可直接用注射器进针耳缘静脉抽取血液。采血完毕用干棉球压迫止血，如一时不易止血，可用木夹夹住耳廓 10～20 min。

（2）心脏穿刺采血。将家兔仰卧位固定在兔台上或由助手捉持，在左胸第 2～4 肋部剪毛，常规消毒。于第 3～4 肋胸骨左缘心跳最明显处穿刺，针头刺入心脏后即见血液涌入注射器。采血完毕迅速将针头拔出，这样心肌上的穿刺孔较易闭合，针眼处用酒精棉球压迫止血。体重 2 kg 的家兔每隔 2～3 周可重复采血 10～20 mL。

（3）股动脉采血。将家兔仰卧固定在兔台上，左手拉直动物后肢，右手持注射器，以血管搏动为指标，将针头刺入股动脉。若已刺入动脉，即有鲜红色血液流入注射器。抽血完毕迅速拔出针头，用干棉球压迫止血。

4. 实验动物组织样本的采集与制备

（1）组织样本的采集与保存。在运动生物化学实验中，经常利用动物离体组织研究各种物质代谢途径和酶系的作用，或从组织中分离、纯化核酸、酶以及某些有意义的代谢物质进行实验研究。

生物组织因含有大量的催化活性物质，离体组织的采集必须在冰冷条件下进行，并且尽快完成测定，以免生物活性物质的量及活性迅速降解。

一般采用断头法处死动物，放出血液，立即将其置于预先冻制的冰盘上取出所需脏器或组织，除去脂肪和结缔组织后，用冰冷生理盐水洗去血液，再用滤纸吸干，称重后，按实验要求制成组织匀浆或组织糜。如不能即刻制备组织匀浆或组织糜，则须将采集的组织样本立即放入液氮罐速冻后，转入至-80 ℃冰箱中保存备用。

（2）组织样本的制备。

① 组织糜：将组织剪碎，用捣碎机绞成糜状，或者加入少量黄砂于研钵中，研磨至糊状备用。

② 组织匀浆液：取定量组织剪碎放入样品管，加入适量预冷匀浆制备液，用高速组织匀浆器匀浆。由于匀浆器的杵头在高速运转中会产生热量，因此在匀浆过程中，需将样品管置于冰水中采用短时多次的方法（10 s/次，间歇 20 s，反复 3～5 次）进行匀浆。必要时还可用超声粉碎仪进行细胞破碎（如 Soniprep150 超声破碎仪，振幅 14 μm，30 s）。

常用的匀浆制备液有生理盐水、0.01 mol/L Tris-HCl 缓冲液（pH7.4）和 0.01 mol/L 的蔗糖溶液等。

③ 组织浸出液：上述组织匀浆液经冷冻离心机离心（4 ℃，2 000 r/min，10 min），可分离出上清液即组织浸出液。

实验一　基本技能操作

1. 实验目的

（1）了解实验室规则。

（2）了解运动生化常用仪器名称及用途。

（3）学习和掌握移液管、移液枪的使用及注意事项。

（4）学习和掌握化学仪器的洗涤和干燥方法。

2. 实验仪器和试剂

（1）实验仪器。不同类型的移液管、移液器、玻璃试管、烧杯、试管刷等。

（2）试剂。洗衣液、铬酸洗液等。

3. 操作方法

（1）移液管的使用方法。

① 选择与所要量取溶液相近的移液管（移液管规格要稍大于或等于所需要量取的容积）。

② 观察移液管刻度数字的排布。

③ 一手持洗耳球，另一手持移液管。首先将移液管插入液面下约 1 cm 左右处，捏洗耳球排出空气后用尖端堵住移液管上端口，缓慢放松洗耳球，观察液面上升情况。当液面上升超过一定距离后，移去洗耳球，以持移液管手的食指指腹迅速按住移液管上端口（切记不要使用拇指）。

④ 放下洗耳球，拿起试剂瓶，要求试剂瓶与台面约成 45°角，移液管头接触瓶壁并垂直于台面，缓慢放松手指，使液面缓慢下降到预设点，注意不可使液面下降过快。

⑤ 将移液管移至另一容器中，要求一手持容器，容器与台面约成 45°角，移液管头接触容器壁并垂直于台面，放松手指，放出所要移取的溶液量。

⑥ 当要求将移液管的溶液全部放出后，应注意观察移液管是否需要吹。如果标有“吹”，应使用洗耳球将剩余的溶液吹入容器中。如果不需要吹，只需要将移液管头靠壁，停留 15 s。

（2）移液枪的使用。

① 转动调节轮至所需体积值。

② 套上相应吸头，旋紧。

③ 垂直持握可调式移液器，用大拇指按至第一档。

④ 将吸头插入溶液中，缓慢松开大拇指，使其复原。

⑤ 将可调式移液器移出液面，必要时可用纱布或滤纸拭去附在吸头表面

的液体（注意不要接触吸头孔口）。

⑥ 排放时重新将拇指按下至第一档后，继续按至第二档以排空液体。

注意移取另一样本时，按卸洗头按钮，并更换新吸头。

(3) 玻璃器皿的洗涤与干燥。

① 首先用烧杯配制好洗衣粉溶液，倒入待洗容器中。

② 选择适当的刷子（注意刷试管的刷子前部一定要有毛头），反复刷洗玻璃器皿内、外。

③ 刷洗完后，用自来水冲洗干净，在用少量蒸馏水重复冲洗玻璃器皿。

④ 检查玻璃器皿是否干净，以倒置不挂水珠为准。

⑤ 移液管的洗涤一般是将移液管插入盛有干净水的烧杯中，用洗耳球吸压冲洗数次，然后换蒸馏水洗涤数次。

⑥ 玻璃器皿的干燥一般采用自然干燥法，即将试管洗完后倒置斜插入试管架中，移液管插入移液管架中。如果有特殊需要可在烘箱中干燥，但有刻度的玻璃器皿不能再烘箱中干燥。

4. 思考题

(1) 移液管使用时应注意什么?

(2) 使用过的容量仪器应如何清洗?

实验二　高锰酸钾浓度的测定

1. 实验目的

(1) 掌握常用生物化学分析方法——分光光度法。

(2) 熟悉样品浓度的计算方法。

2. 实验原理

由于分子中的某些基团吸收了紫外可见辐射光后，发生了电子能级跃迁而产生了吸收光谱，它是带状光谱，反映了分子中某些基团的信息。可以用标准光图谱与测得的光谱作比较进行定性分析。再根据 Lambert-Beer 定律：$A=\varepsilon bc$（A 为吸光度，ε 为摩尔吸光系数，b 为液池厚度，c 为溶液浓度），可以对溶液进行定量分析。

当溶液层厚度 b 和吸光系数 ε 固定时，吸光度 A 与溶液的浓度呈线性关系。在定量分析时，首先需要测定溶液对不同波长光的吸收情况（吸收光谱），从中确定最大吸收波长，然后以此波长的光为光源，根据以下两种方法测定未知溶液相应的浓度。

(1) 标准曲线法。配制一系列浓度递增的标准品溶液，按照与被测品同样的操作过程处理后，使用分光光度计分别测出它们的光密度。以光密度值为纵坐标，浓度值为横坐标，将不同浓度的标准管对应的光密度值分别点在坐标纸上，根据各点作一平滑直线即标准曲线，然后在相同条件下测出待测样品的光密度，从标准曲线上直接查出相对应的浓度。

（2）标准管对照法。配制已知浓度的标准溶液，与待测样品在相同条件下进行操作，使用分光光度计分别测出相应光密度，根据下列公式，即可测出待测样品的浓度。

$$C_x = \frac{OD_x}{OD_s} \times C_s$$

式中：C_x = 待测样品浓度；OD_x = 待测样品光密度；C_s = 标准溶液浓度，OD_s = 标准溶液光密度。

3. 仪器和试剂

（1）主要仪器。721 或 722 型分光光度计、试管及试管架、移液管、加样枪、分析天平。

（2）试剂配制。配制 50 ppm① 高锰酸钾储备液时，取 0.007 2 g 高锰酸钾加水至 100 mL。

4. 实验步骤

（1）标准曲线法。

① 取 7 只大试管，编号，按表 1-3 操作。

表 1-3 标准曲线法测定高锰酸钾浓度的操作程序

	0	1	2	3	4	5	X
50 ppm 高锰酸钾储备液（mL）	0	0.5	1.0	1.5	2.0	2.5	—
蒸馏水（mL）	5.0	4.5	4.0	3.5	3.0	2.5	—
高锰酸钾待测液（mL）	—	—	—	—	—	—	5.0
标准管相应浓度（ppm）	0	5	10	15	20	25	

② 光密度的测定：分别摇匀，使用分光光度计，以 0 号管为空白管调零，500 nm 波长比色，读取 1～X 各管光密度值。

③ 标准曲线的绘制：在坐标纸上，以光密度（*OD*）为纵坐标，浓度（*C*）为横坐标，绘制标准曲线。

④ 高锰酸钾浓度的确定：根据 X 管的 *OD* 值在标准曲线上查出待测高锰

① $ppm = 10^{-6}$

酸钾溶液的浓度。

（2）标准管对照法。

① 取 3 只大试管，分别编号为 0、S 和 X，按表 1-4 操作。

表 1-4　标准管对照法测定高锰酸钾的操作程序

	0	S	X
50 ppm 高锰酸钾标准液（mL）	0	2.0	—
蒸馏水（mL）	5.0	3.0	—
高锰酸钾待测液（mL）	—	—	5.0

② 光密度的测定：分别摇匀，使用分光光度计，以 0 号空白管调零，500 nm 波长比色，读取 S、X 各管光密度值。

③ 高锰酸钾浓度的计算：利用下列公式计算出待测液的浓度

$$C_x(g\%)=\frac{OD_x}{OD_s}\times C_s$$

式中：C_x=待测样品浓度；OD_x=待测样品光密度；C_s=标准溶液浓度；OD_s=标准溶液光密度。

5. 思考题

（1）分光光度计比色时应注意什么？

（2）比较用标准曲线法和标准管法测定高锰酸钾浓度时的差异？

2 第二部分　运动生物化学基础性实验

基础性实验是以加深学生对所学知识的理解，掌握实验方法与技能为目的，验证理论课所讲某一原理、理论或结论，以学生为具体实验操作主体，通过现象衍变观察、数据记录、计算、分析直至得出被验证的原理、理论或结论的实验过程。基础性实验是经过精选的最基本的、最代表学科特点的实验方法和技术。基础性实验的任务是培养学生掌握实验的基本方法和技能，培养学生把理论与实践相结合的科学思维方法，培养学生养成良好的实验习惯，培养学生运用自己所学的基础知识、基本实验方法和技能进行科学研究的能力。因此，必须加强对基础性实验教学的组织与实施，提高基础性实验教学质量，才能确保教学质量达到科学实践的效果，为大学生的综合性、创新型实验打下坚实的基础。

实验一 血糖的测定(葡萄糖氧化酶-过氧化物酶法)

1. 实验目的

(1) 学习血糖定量测定的方法，了解其原理。

(2) 掌握运动训练中血糖变化的意义。

2. 实验原理

葡萄糖能被葡萄糖氧化酶（GOD）氧化成葡萄糖酸，并产生过氧化氢，后者与苯酚及4-氨基安替比林在过氧化酶（POD）作用下产生红色醌亚胺化合物，其颜色深浅与葡萄糖含量成正比。

$$\text{葡萄糖}+O_2+H_2O \xrightarrow{GOD} \text{葡萄糖酸}+4H_2O_2$$

$$2H_2O_2+4\text{-氨基安替比林}+\text{苯酚} \xrightarrow{POD} \text{醌亚胺(红色)}+4H_2O$$

3. 主要试剂和仪器

(1) 仪器。721 或 722 型分光光度计、试管及试管架、恒温水浴箱、分析天平等。

(2) 试剂及配制。本实验采用市售试剂盒，主要组成如下：

① 葡萄糖标准贮存液（10 mg = 1 mL）：精确称取纯无水葡萄糖 1 g，加 0.25%苯甲酸溶解，并稀释至 100 mL。

② 葡萄糖标准应用液（1.0 mL = 1.0 mg；5.55 mmol/L）：准确吸取葡萄糖标准贮存液 10 mL，用 0.25%苯甲酸稀释至 100 mL。

③ 酶制剂成分：主要包括葡萄糖氧化酶 2 000 U/L、过氧化物酶 3 000 U/L、4-氨基安替吡啉 4.0 mmol/L。

④ 1%苯酚溶液。

4. 实验步骤

（1）用蒸馏水将1%苯酚稀释至0.1%。

（2）酶酚混合液的制备：将0.1%的苯酚溶液与等量的酶试剂混合。

（3）取3支大试管，按照空白管（0）、标准管（S）和测定管（X）编号，按表2-1进行操作。

表2-1 血糖浓度测定的加样程序

	空白管（0）	标准管（S）	测定管（X）
血清（mL）	—	—	0.02
葡萄糖标准液（mL）	—	0.02	—
酶酚混合液（mL）	3.0	3.0	3.0
各管摇匀，置37 ℃水浴中保温20 min			

（4）*OD*值的测定：冷却至室温，以空白管调零，505 nm波长比色，分别测定S管和X管的*OD*值。

（5）血糖浓度的计算：按照下列公式计算血糖的浓度

$$\text{葡萄糖}(\mathrm{mg/dL})=\frac{OD_{x}}{OD_{s}}\times 100$$

$$\text{葡萄糖}(\mathrm{mmol/L})=\text{葡萄糖}(\mathrm{mg/dL})\times 0.0555$$

5. 注意事项

（1）本法对葡萄糖有特异性，不受其他糖存在的影响，亦可用于尿糖测定。

（2）本法标本用量小，取样时力求准确。

（3）由于糖酵解仍可在全血中以每小时7%速率进行，所以应在取样后30 min内分离血清，且应避免溶血，防止红细胞中葡萄糖-6-磷酸溶入血清，影响结果。

（4）分离后的血清样本在2~8 ℃可保存24 h，-20 ℃下可存放1个月。

6. 指标应用

正常人空腹血糖浓度为4.4~6.6 mmol/L（80~120 mg/dL），低于3.8 mmol/L称低血糖；高于7.2 mmol/L称高血糖；血糖浓度为8.8 mmol/L称肾糖阈，此时尿中也可测出糖。

运动员安静时与普通人血糖正常值无差异，运动时会随运动强度和持续时间出现变化。短时间激烈运动时，主要依靠肌糖原分解供能，血糖供能很少，血糖值变化不大；长时间运动时骨骼肌吸收利用血糖的过程加强、速度加快，血糖下降。因此可根据血糖的变化，及时补糖，维持血糖水平，延迟血糖下降，有利于推迟运动性疲劳的发生。

7. 思考题

（1）本实验在操作过程中应注意哪些问题？

（2）正常人空腹血糖的范围是多少？患糖尿病时，血糖含量有何变化？

实验二　血乳酸的测定(杨氏改良法)

1. 实验目的

（1）学会测定血乳酸的方法。

（2）掌握血乳酸的运动生化评定方法及意义。

2. 实验原理

去蛋白血滤液中的乳酸能被热浓硫酸氧化生成乙醛，在铜离子存在时，乙醛与对羟基联二苯反应生成紫红色复合物，其显色程度与生成的乙醛成正比，故可用比色方法求出血液中乳酸的含量。

3. 主要试剂和仪器

（1）仪器。721 或 722 型分光光度计、试管及试管架、恒温水浴箱、分析天平、离心机等。

（2）试剂及配制方法。

① 1%氟化钠溶液。

② 10%三氯醋酸溶液。

③ 浓硫酸（GR）。

④ 对羟基联二苯溶液：称取 1.5 克对羟基联二苯，溶于 10 mL 热的 5% NaOH 溶液中，待溶解后加热蒸馏水稀释至 100 mL，冷却后贮存于棕色瓶中。

⑤ 4%$CuSO_4$溶液。

⑥ 乳酸标准贮存液（1 mg/mL）：精确称取乳酸钙或乳酸锂 173 mg，用蒸馏水溶解至 100 mL。

⑦ 乳酸标准应用液（0.01 mg/mL）：取 1 mL 储备液，用 100 mL 容量瓶加蒸馏水稀释至刻度。

⑧ 乳酸空白液：将 1%NaF 和 10%三氯醋酸按 1∶3 体积比混合而成。

4. 实验步骤

（1）制备无蛋白血滤液。取 2 支离心管，按表 2-2 操作。

表 2-2　无蛋白血滤液的制备

	离心管 1
1%NaF（mL）	0.48
新鲜血液（mL）	0.02
10%三氯醋酸（mL）	1.5
混匀，离心 5 min（3 000 转/min），将上清液倒入另一离心管中	

（2）取 3 支大试管，按照空白管（0）、标准管（S）和测定管（X）编号，按表 2-3 进行操作。

表 2-3　血乳酸测定的加样程序

	空白管（0）	标准管（S）	测定管（X）
乳酸空白液（mL）	0.50	—	—
乳酸标准应用液（mL）	—	0.50	—
无蛋白血滤液（mL）	—	—	0.50
4%$CuSO_4$（滴）	1	1	1
浓硫酸（mL）	3	3	3
摇匀，置沸水浴 5 min 后，冷水浴冷却至 15 ℃左右			
对羟基联二苯（滴）	2	2	2
在液体混合器上充分混匀，置 37 ℃水浴保温 15 min，期间每 5 min 振摇一次 沸水浴 90 s，冷水浴冷却至室温			

（3）*OD* 值的测定：以空白管调零，560 nm 波长比色，测定各管的 *OD* 值。

（4）血乳酸浓度的计算。按照下列公式计算血乳酸的浓度

$$血乳酸(mg/dL)=\frac{OD_x}{OD_s}\times C_s\times\frac{2}{0.02}$$

$$血乳酸(mmol/L)=血乳酸(mg/dL)\div 9$$

5. 注意事项

（1）浓硫酸对显色影响很大，必须选用纯净浓硫酸。加浓硫酸时，应把试管放入冷水中，慢慢滴加。

（2）准确控制水浴温度与时间。

（3）滴加对羟基联二苯时试管应充分冷却，滴加时防止附着于管壁并充

分摇匀。

6. 指标应用

正常人安静时血乳酸浓度保持在 1~2 mmol/L，运动时血乳酸的变化与所动用的能量系统有关。以磷酸原系统供能为主的运动，血乳酸一般不超过 4 mmol/L；以糖酵解系统供能为主的运动，血乳酸可达 15 mmol/L 以上；而以有氧氧化系统供能为主的运动，血乳酸在 4 mmol/L 左右。

在训练时可通过测血乳酸峰值的变化掌握运动强度以及运动员代谢能力的变化。运动后血乳酸浓度变化可评定运动员训练水平及用于选材；还可根据运动后乳酸的消除速率评定运动员机能能力。

血乳酸测定时取样时间非常重要，安静值应在早晨起床前安静时采样；运动后血乳酸的测定应根据不同运动项目而定，一般运动强度较低的运动在运动后 20 s 左右取样，中等强度运动在 1~6 min 取样，大强度运动在 3~12 min 取样。在实际测试时，可多选几次采血时间如 1 min、3 min、5 min、……间隔采样。

7. 思考题

（1）测定血乳酸时应如何控制血样采集时间？

（2）如何运用血乳酸评定运动员有氧和无氧运动能力？

实验三　血红蛋白的测定(氰化高铁血红蛋白法)

1. 实验目的

（1）掌握人微量血的采集方法和血红蛋白的测定方法。

（2）掌握运动训练中血红蛋白指标的意义。

2. 实验原理

血红蛋白被高铁氰化钾氧化成高铁血红蛋白，后者与氰离子结合成氰化高铁血红蛋白，在 540 nm 处有一吸收峰，通过分光光度计比色，与标准液比较，可测出血红蛋白的含量。

3. 主要试剂和实验器材

（1）仪器。722 型分光光度计、移液器、试管、记号笔、采血针、消毒棉球等。

（2）试剂及配制方法。

① 氰化高铁血红蛋白稀释液：称取高铁氰化钾 0.2 克、氰化钾 0.05 克、磷酸二氢钾 0.12 克，用蒸馏水溶解、稀释至 1 000 mL，置于棕色瓶内，4 ℃冰箱保存。

② 氰化高铁血红蛋白标准液：4 种不同浓度的氰化高铁血红蛋白标准液

（市售），相当于血红蛋白的浓度分别为 50 g/L、100 g/L、150 g/L、200 g/L。4 ℃保存，使用前要平衡至室温。

4. 实验步骤

（1）标准管对照法。

① 取 3 支大试管，编号，按表 2-4 进行操作。

表 2-4　标准管对照法测定血红蛋白浓度的操作程序

	空白管（0）	标准管（S）	测定管（X）
氰化高铁血红蛋白稀释液（mL）	5.0	5.0	5.0
新鲜血液（mL）	—	—	0.02
氰化高铁血红蛋白标准液（mL）	—	0.02	—
混匀后放置 3 min			

② 光密度的测定：以空白管调零，540 nm 波长比色，分别测定标准管和测定管的光密度。

③ 血红蛋白浓度的计算：按照下列公式计算出血红蛋白的浓度

$$血红蛋白(g/L)=\frac{OD_x}{OD_s}\times C_s$$

（2）标准曲线法。

① 取 6 支大试管，分别按照 0、S1、S2、S3、S4 和 X 编号，按表 2-5 进行操作。

表 2-5　标准曲线法测定血红蛋白浓度的操作程序

	0	S1	S2	S3	S4	X
氰化高铁血红蛋白稀释液（mL）	5.0	5.0	5.0	5.0	5.0	5.0
新鲜血液（mL）	—	—	—	—	—	0.02
50 g/L 氰化高铁血红蛋白标准液（mL）	—	0.02	—	—	—	—
100 g/L 氰化高铁血红蛋白标准液（mL）	—	—	0.02	—	—	—
150 g/L 氰化高铁血红蛋白标准液（mL）	—	—	—	0.02	—	—
200 g/L 氰化高铁血红蛋白标准液（mL）	—	—	—	—	0.02	—
标准管血红蛋白相应浓度（g/L）	0	50	100	150	200	
混匀后放置 3 min						

② 光密度的测定：以空白管调零，540 nm 波长比色，分别测定 S1、S2、S3、S4 和 X 管的 *OD* 值。

③ 标准曲线的绘制：在坐标纸上，以光密度（*OD*）为纵坐标，浓度（*C*）为横坐标，绘制出标准曲线图。

④ 血红蛋白浓度的确定：根据 X 管的 *OD* 值在标准曲线上查出待测血液的血红蛋白浓度。

5. 注意事项

（1）试剂含氰化物，需要严格管理。

（2）废液不得随意倾倒，应做去毒化处理：废液加等量水混合，按每升加入 35 mL 安替福民液（NaClO）或次氯酸钠溶液进行混匀，敞开盖 15 h 后即可去毒性，方可倾入下水道。

6. 指标应用

血红蛋白正常值：男性为 120～160 g/L，女性为 110～150 g/L。

世界卫生组织（WHO）判断贫血的标准：14 岁以下男女低于 120 g/L；成年男女低于 110 g/L。

在训练周期中运用这一指标时应固定取血部位（如手指）和取血时间（最好固定在清晨起床前）。运动员与正常人血红蛋白值相近，当持续的激烈运动或运动员机能状态较差时，血红蛋白会下降，这种由运动引起的血红蛋白下降称为运动性贫血。

血红蛋白含量直接影响运动员身体机能和运动能力，尤其是耐力项目运动员专项素质能力。大运动量训练初期，血红蛋白会出现下降；阶段训练后，血红蛋白回升，说明身体对运动量适应，机能状况良好，运动能力提高。若血红蛋白未回升或有继续下降趋势，说明机能状况差，对负荷不能适应，应及时调整运动量，加强营养，尤其是铁剂的补充。

在运动员日常训练、赛前及比赛期间，周期性进行血红蛋白测定可评定运动员营养状况、身体机能状况及对运动负荷的适应情况；血红蛋白还可作为评定运动员高原训练时对缺氧适应性的指标。

7. 思考题

（1）采用氰化高铁血红蛋白法测定血红蛋白时，对试剂有什么要求？

（2）在运动训练中血红蛋白有何具体应用？

实验四　血尿素的测定（二乙酰–肟法）

1. 实验目的

（1）学习血尿素的测定方法。

（2）掌握血尿素指标在运动实践中的应用。

2. 实验原理

去蛋白血滤液中的尿素，在强酸性的条件下，与二乙酰一肟和硫氨脲共热，生成红色的二嗪衍生物，其颜色深浅与尿素含量成正比，通过与同样处理的尿素标准溶液比色，可求出血尿素的含量。

3. 仪器和主要试剂

（1）仪器。721 或 722 型分光光度计、试管及试管架、微量采血器、移液器、水浴锅、电炉、分析天平等。

（2）试剂及配制。

① 1%的氟化钠溶液

② 10%的三氯乙酸溶液

③ 二乙酰一肟-硫氨脲溶液：称取二乙酰一肟 600 mg，硫氨脲 30 mg，加蒸馏水溶解，稀释至 100 mL，冰箱中保存。

④ 混合酸液：浓磷酸（85%～87%）35 mL，浓硫酸 80 mL，缓缓加入 800 mL 蒸馏水中，冷却后加蒸馏水至 1 000 mL。

⑤ 尿素标准贮存液（1 mL=1 mg 氮）：准确称取尿素（AR）0.214 3 g 置于 100 mL 容量瓶中，用 0.005 mol/L 硫酸溶解，稀释至刻度。

⑥ 尿素标准应用液（1 mL=0.01 mg 氮）：准确吸取贮存液 1 mL，用 0.005 mol/L 硫酸稀释至 100 mL。

⑦ 空白液：取 1 份 0.1%氟化钠和 3 份 10%的三氯乙酸混合而成。

4. 实验操作

（1）制备去蛋白血滤液。吸取 0.48 mL 0.1%NaF 溶液置于离心管中，采手指血 20 μL 溶于其中。摇匀后加入 1.5 mL 10%的三氯乙酸，充分摇匀，离心 5 min（3 000 rpm）。取上层清液于另一小试管中备用。

（2）取 3 支大试管，按照空白管（0）、标准管（S）和测定管（X）进行编号，按表 2-6 进行操作。

表 2-6　血尿素氮测定的加样程序

	空白管	标准管	测定管
空白液	0.5	—	—
尿素标准应用液（mL）	—	0.5	—
去蛋白血滤液（mL）	—	—	0.5
二乙酰一肟-硫氨脲（mL）	0.5	0.5	0.5
混合酸液（mL）	3.0	3.0	3.0
摇匀，沸水浴 10 min，置于流水中冷却至室温			

（3）*OD* 值测定。空白管调零，以 500 nm 波长比色，分别测定 S 管和 X 管的 *OD* 值。

（4）血尿素的计算。按照下列公式计算血尿素的含量。

$$血尿素氮(mg/dL)=\frac{OD_x}{OD_s}\times C_s\times 稀释倍数=\frac{OD_x}{OD_s}\times 1\times\frac{2}{0.02}=\frac{OD_x}{OD_s}\times 100$$

$$血尿素(mg/dL)=血尿素氮(mg/dL)\times\frac{60}{28}$$

$$血尿素(mmol/L)=血尿素氮(mg/dL)\times 0.375$$

5. 注意事项

（1）沸水浴时间对显色程度影响很大，应该严格控制。

（2）二乙酰一肟-硫氨脲溶液不能久置，若有结晶析出应该重新配制。

（3）运动实践中利用这一指标时，可以分别在运动前、后及次日晨取血。

6. 指标应用

正常人血尿素安静值为 3.2~7.0 mmol/L。运动员的安静值与普通人一致。一般超过 30 min 以上的运动会使血尿素含量有明显增加。

血尿素是评定运动量、机体疲劳程度及运动训练后机能恢复状况的良好指标。在评定运动量时，一般在运动前及运动后 30~60 min 取血，若血尿素 ≥8 mmol/L（血尿素疲劳阈值），且较运动前升高 2 mmol/L 以上，说明运动量过大，机体不能适应，运动员已达疲劳状态。

在评定机能恢复状况时应分别在训练前、后及次日晨取血；评定一个训练周期的情况时，应在周期始、中及结束分别取晨血跟踪测试。

7. 思考题

（1）尿素是怎样产生的？

（2）血尿素的测定在运动实际中如何应用？

实验五　血氨的测定（谷氨酸脱氢酶比色法）

1. 实验目的

（1）了解血氨的酶比色测定方法。

（2）掌握血氨的运动生化评定方法及意义。

2. 实验原理

$$NH_3+\alpha\text{-}酮戊二酸+NADH+H^+\xrightarrow{GLDH}谷氨酸+NAD^++H_2O$$

$$NAD^++NBT+PMS\longrightarrow 甲臜（formazane，紫红色复合物）$$

3. 仪器和主要试剂

（1）仪器。721 或 722 型分光光度计、试管及试管架、恒温水浴箱、移液器等。

（2）试剂及配制。本实验采用市售试剂盒，其主要组成如下：

① 缓冲液：0.067 mol/L 磷酸盐缓冲液（PBS），pH8.0，用无氨蒸馏水配制。

② 基质液：每升 PBS 内含 150 μmol ADP，120 μmol NADH，6 mmol α-酮戊二酸。

③ 谷氨酸脱氢酶液（GLDH，Sigma 产）：每升 PBS 内含 GLDH 15 000 U。

④ 氨标准液：优级纯（NH_4）SO_4于上述 PBS 中配成 100 μmol/L。

⑤ 显色剂：取氯化硝基四氮唑蓝（NBT）100 mg、吩嗪甲酯硫酸盐（PMS）10 mg 和乙二醇 1 mL 于 80 mL 无氨蒸馏水中溶解，定容至 100 mL。

4. 实验步骤

（1）取大试管标号，按表进行表 2-7 进行操作。

表 2-7　血氨的测定

试剂（mL）	标准管	标准对照管	测定管	测定对照管
基质液	2.0	2.0	2.0	2.0
氨标准液（10 μmol/L）	0.3	—	—	—
无氨蒸馏水	—	0.3	—	0.3
待测血浆	—	—	0.3	0.3
GLDH 液	0.3	0.3	0.3	—
	混匀，37 ℃水浴 30 min			
显色剂	0.4	0.4	0.4	0.4

（2）充分混匀，室温 5 min 后，蒸馏水调零，分光光度计取 560 nm 波长比色。

（3）按照下列公式计算血氨的浓度：

$$血氨(\mu mol/L)=\frac{OD_{x对照}-OD_{x}}{OD_{s对照}-OD_{s}}\times C_{s}$$

5. 指标应用

安静时血氨正常值参考范围：34～81 μmol/L（注：测试方法不同，正常值范围不同）。

氨是蛋白质和氨基酸的氨基代谢产物，血氨水平可反映氨进入血液及从中消除的动态平衡。运动可引起体内氨的生成与消除之间的平衡被破坏，使血氨升高，表现为高氨血症。血氨水平受运动强度、训练效果、疲劳状况等因素影响，可用于评定运动强度、训练水平，也是反映机体疲劳的一个指标。

运动强度对血氨的影响非常明显，低强度时血氨接近安静水平，超过60%~70%最大摄氧量运动程度后，血氨显著升高，达到90%~100%最大摄氧量运动强度时血氨大幅升高。血氨浓度受运动持续时间影响也很显著，短时间激烈运动和长时间大强度运动都会引起血氨升高。

在完成相同负荷强度的运动后，训练水平高的运动员，血氨变化幅度相对较低。耐力训练对安静血氨影响不大，但可降低次大强度运动时的血氨水平，因此可通过长期耐力训练增强机体耐氨能力。

运动后血氨的恢复一般呈波动性变化，先逐渐升高至峰值，缓慢下降再升高，然后逐渐波动下降，其恢复速度与机体的机能状态、训练水平相关。

6. 思考题

（1）短时间激烈运动和长时间大强度运动时血氨升高的机制是什么？

（2）血氨升高与运动员的运动能力有什么关系？

实验六　血清甘油三酯（三酰甘油）的测定（甘油磷酸氧化酶法）

1. 实验目的

（1）了解血清甘油三酯的测定方法。

（2）了解血清甘油三酯含量的正常值范围。

2. 实验原理

$$\text{甘油三酯}+H_2O \xrightarrow{\text{脂肪酶}} \text{脂肪酸}+\text{甘油}$$

$$\text{甘油}+ATP \xrightarrow{\text{甘油激酶}} \text{甘油磷酸}+ADP$$

$$\text{甘油磷酸}+O_2 \xrightarrow{\text{甘油磷酸氧化酶}} \text{磷酸二羟丙酮}+H_2O_2$$

$$H_2O_2+4\text{-氨基安替比林}+\text{对氯酚} \xrightarrow{\text{过氧化物酶}} \text{红色醌化合物}$$

反应生成的红色醌类化合物的颜色深浅与标本中甘油三酯含量成正比，与同样处理的标准管进行比色，即可求得甘油三酯含量。

3. 仪器和主要试剂

（1）仪器。721 或 722 型分光光度计、试管及试管架、恒温水浴箱、离心机等。

（2）试剂及配制。本实验采用市售试剂盒，其组成主要包括以下成分：

① 甘油三酯液体酶试剂成分，见表 2-8 所示。

表 2-8　甘油三酯液体酶试剂成分和浓度

成分	浓度
Tris-HCL 缓冲液	100 mmol/L
脂肪酶	≥3 000 U/L
甘油激酶	≥1 000 U/L
3-磷酸甘油氧化酶	≥5 000 U/L
ATP	0. 5 mmol/L
过氧化物酶	≥1 000 U/L
4-氨基安替比林	1. 4 mmol/L
对氯酚	3 mmol/L

上述溶液需 2~8 ℃避光保存，启封后可稳定 1 个月。

② 甘油三酯标准液：2. 26 mmol/L（200 mg/dL）。

4. 实验操作

(1) 取大试管 3 支，编号后，按表 2-9 进行操作。

表 2-9　血清甘油三酯含量的测定

	空白管	标准管	测定管
蒸馏水（μL）	10	—	—
标准液（2. 26 mmol/）（μL）	—	10	—
血清（μL）	—	—	10
酶试剂（μL）	1 000	1 000	1 000
混匀，置 37 ℃孵育 10 min			

(2) 以空白管调零，510 nm 波长，0. 5 cm 光径比色杯，蒸馏水调零，测定各管吸光度值。试剂与标本量可根据比色杯大小按比例增减。

(3) 计算

$$血清甘油三酯(\mu mol/L)=\frac{OD_x-OD_{空}}{OD_s-OD_{空}}\times 标准品浓度$$

正常参考值范围：0. 565~1. 695 mmol/L。

5. 注意事项

(1) 应于清晨空腹抽血，抽血前 2 天内忌食高脂食物及饮酒。

（2）血清或血浆标本密闭保存时，在 4 ℃可稳定 1 周，-20 ℃可稳定半年。

6. 指标应用

运动对血浆甘油三酯的影响与运动强度、运动量以及运动时间相关。相对强度较高的运动可使血浆甘油三酯水平下降且保持较长时间；长期中低强度的有氧运动有利于血浆甘油三酯的降低并促进肝内甘油三酯的转运，对预防和治疗脂肪肝具有积极意义。

7. 思考题

（1）测定血清甘油三酯时，为什么抽血前 2 天内忌食高脂食物及饮酒？

（2）长时间有氧运动锻炼对血清甘油三酯含量有什么影响？

实验七　血清总胆固醇的测定（胆固醇氧化酶法）

1. 实验目的

（1）熟悉血清总胆固醇的酶法测定技术

（2）掌握运动与胆固醇代谢之间的关系。

2. 实验原理

血清中总胆固醇（TC）包括游离胆固醇（FC）和胆固醇酯（CE）两部分。血清中胆固醇酯可被胆固醇酯酶水解为游离胆固醇和游离脂肪酸（FFA），胆固醇在胆固醇氧化酶的氧化作用下生成△4-胆甾烯酮和过氧化氢，H_2O_2在 4-氨基安替吡啉（4-AAP）和酚存在时，经过氧化物酶催化，反应生成苯醌亚胺非那腙的红色醌类化合物，其颜色深浅与标本中 TC 含量成正比。

$$\text{胆固醇酯} \xrightarrow{\text{CE 酶}} \text{胆固醇} + \text{脂肪酸}$$

$$\text{胆固醇} + O_2 \xrightarrow{\text{胆固醇氧化酶}} \triangle 4\text{-胆甾烯酮} + H_2O_2$$

$$H_2O_2 + 4\text{-AAP} + \text{对氯酚} \xrightarrow{\text{过氧化物酶}} \text{红色醌类化合物} + H_2O$$

3. 仪器和主要试剂

（1）仪器。721 或 722 型分光光度计、试管及试管架、恒温水浴箱、分析天平、离心机等。

（2）试剂及配制。本实验采用市售试剂盒，其组成主要包括以下几部分：

① 胆固醇液体酶试剂成分：详见表 2-10 中所示。

表 2-10　胆固醇液体酶试剂成分

成分	浓度
Good's 缓冲液（pH6.7）	50 mmol/L
胆固醇酯酶	≥50 KU/L
胆固醇氧化酶	≥25 KU/L
过氧化物酶	≥1.3 KU/L
4-AAP	0.3 mmol/L
苯酚	5 mmol/L

上述溶液 2~8 ℃避光保存。

② 胆固醇标准溶液：5.17 mmol/L（200 mg/dL）。精确称取胆固醇 200 mg，用异丙醇配成 100 mL 溶液，分装后，4 ℃保存，临用时取出。

4. 实验操作

（1）取大试管标号，按表 2-11 进行操作。

表 2-11　血清胆固醇含量的测定

加入物（μL）	空白管	标准管	测定管
蒸馏水	10	—	—
标准液（5.17 mmol/L）	—	10	—
血清	—	—	10
酶试剂	1 000	1 000	1 000
混匀，37 ℃孵育 10 min			

（2）波长 510 nm，0.5 cm 光径比色杯，蒸馏水调零，测定各管吸光度值。试剂与标本量可根据比色杯大小按比例增减。

（3）按照下列公式计算血清胆固醇的含量：

$$\text{血清 TC(mmol/L)}=\frac{OD_x-OD_{\text{空}}}{OD_s-OD_{\text{空}}}\times\text{胆固醇标准液浓度}$$

正常值参考范围：3.0~5.20 mmol/L；危险阈值：5.20~6.20 mmol/L；高胆固醇血症：≥6.20 mmol/L。

5. 注意事项

（1）检测标本可为血清或者血浆（以肝素或 $EDTAK_2$抗凝）。

（2）标本密闭保存时，在 4 ℃可稳定 1 周，-20 ℃可稳定半年。

6. 指标应用

运动对血浆胆固醇影响的研究结果不尽相同，一般认为，一次性急性运动对血浆胆固醇浓度影响不大；长期的运动锻炼、长时间有氧耐力训练可降低血浆胆固醇水平。

血脂是指血浆中所含的脂质，包括胆固醇、甘油三酯、磷脂和游离脂肪酸，血脂超过正常范围称高脂血症。

由于长时间、低强度运动能够使得脂蛋白脂肪酶、卵磷脂-胆固醇酰基转移酶活性增加，从而加速血中甘油三酯和胆固醇的转化，因此，坚持适当方式的体育锻炼可明显降低血甘油三酯、胆固醇、低密度脂蛋白的浓度，增加高密度脂蛋白浓度，从而达到防治高脂血症的目的。

7. 思考题

（1）本实验操作中特别需要注意的是什么？为什么？

（2）为什么长期有氧运动锻炼能有效地降低血液中的胆固醇含量？

实验八　血酮体（β-羟丁酸）的测定（酶比色法）

1. 实验目的

（1）了解血清 β-羟丁酸的测定方法。

（2）了解血酮体的运动生化评定方法及意义。

2. 实验原理

酮体是脂肪氧化不完全的产物，包括 β-羟丁酸、乙酰乙酸和丙酮三种成分，前两者分别占 78%和 20%，是酮体的主要组成成分，丙酮仅占 2%。若要测定酮体总量，尤其是在同一实验中要同时完成三种成分的检测存在着很大的难度，所以在实际应用中通常用血清 β-羟丁酸的浓度来反映血酮体的变化。

$$\beta\text{-羟丁酸}+\text{辅酶 I}\xrightarrow[\text{pH8.5, 37 ℃}]{\beta\text{-羟丁酸脱氢酶}}\text{乙酰乙酸}+\text{还原型辅酶 I}$$

$$\text{还原型辅酶 I}+\text{INT（碘硝基氯化四氮唑蓝）}\xrightarrow{\text{黄递酶}}\text{甲臜（紫红色复合物）}$$

该紫红色复合物颜色深浅与 β-羟丁酸含量成正比，所以在 505 nm 波长处测定其吸光度的变化可计算出血清中 β-羟丁酸的含量。

3. 仪器和主要试剂

（1）仪器。721 或 722 型分光光度计、试管及试管架、恒温水浴箱、移液器、离心机等。

（2）试剂及配制。本实验采用市售试剂盒，其组成见表 2-12。

表 2-12 β-羟丁酸测试试剂盒的组成

	成分	浓度
试剂一	Tris 缓冲液	100 mmol/L
	草酸	20 mmol/L
	NAD^+	2.5 mmol/L
	黄递酶	1 kU/L
	INT	1 mmol/L
试剂二	β-羟丁酸脱氢酶	1 kU/L
试剂三	β-羟丁酸	
	磷酸二氢钾	6 mmol/L
	磷酸氢二钠	14 mmol/L

试剂盒储存条件、有效期：2~8 ℃冰箱保存可稳定 1 年。

4. 实验步骤

(1) 取 3 支试管，以空白管（0）、标准管（S）和测定管（X）编号，然后按照表 2-13 进行操作。

表 2-13 血酮体测定的加样程序

加入物（μL）	空白管（0）	标准管（S）	测定管（X）
试剂一	900	900	900
蒸馏水	24	—	—
试剂三（标准品）	—	24	—
血清标本	—	—	24
混匀，37 ℃恒温箱孵育 3~5 min，505 nm 波长读取 *OD* 值（对照）			
试剂二	300	300	300
混匀，静置 5 min 后，505 nm 波长处读取 *OD* 值			

(2) 按照下列公式计算 β-羟丁酸的含量。

$$\beta\text{-羟丁酸}(\mathrm{mmol/L})=\frac{OD_{\mathrm{x对照}}-OD_{\mathrm{x}}}{OD_{\mathrm{s对照}}-OD_{\mathrm{s}}}\times C_{\mathrm{s}}$$

正常参考值范围：0.03~0.3 mmol/L。

5. 注意事项

（1）标本要求用血清，采血后及时分离，血清标本 2~8 ℃冰箱保存可稳定 1 周。

（2）溶血标本会影响测试结果。

（3）样品与试剂可根据需要按比例调节。

6. 指标应用

酮体是体内能源物质转运的一种形式，参与脑组织和肌肉的能量代谢，参与脂肪酸动员的调节。血酮体浓度可评定体内糖储备的状况。

运动对血酮体的影响主要发生在中低强度长时间运动中，短时间剧烈运动后，血酮体无明显改变。机体在进行长时间耐力运动尤其糖储备低下时，脂肪酸大量动员，肝生成的酮体迅速增加，使得血酮体明显升高。在一定程度上血酮体可以代替血糖成为脑组织和肌肉的重要能量来源，可降低脑组织对血糖的依赖性，对防止中枢疲劳、节省血糖以保持运动能力有积极作用。

7. 思考题

（1）酮体是怎样生成的？

（2）运动时酮体生成的生理意义是什么？

实验九　尿蛋白的测定

1. 实验目的

（1）学习尿蛋白的定性检查及定量测定方法。

（2）掌握尿蛋白指标在运动训练中的应用。

2. 实验原理

蛋白质与磺基水杨酸结合生成不溶性蛋白质盐沉淀而呈白色浑浊，在一定范围内，其浑浊度与蛋白质含量成正比。因此，通过肉眼可定性观察和判断尿液中有无蛋白及阳性强弱（磺基水杨酸法）。

蛋白质分子中含有许多肽键，在碱性溶液中能与 Cu^{2+} 作用产生紫红色络合物（—CONH—），与双缩脲分子结构（$H_2N—CO—NH—CO—NH_2$）相似，故称双缩脲反应。其紫红色络合物颜色的深浅与蛋白质浓度成正比，可用比色法测定其含量（双缩脲法）。

3. 主要仪器和试剂

（1）仪器。721 或 722 型分光光度计、试管、离心机等。

（2）试剂及配制方法。

① 3%磺基水杨酸溶液：称取磺基水杨酸 3.0 g，加蒸馏水溶解并稀释至 100 mL。

② 0.075 mol/L 硫酸溶液。

③ 0.15%钨酸钠溶液。

④ 生理盐水（0.9%NaCl）。

⑤ 双缩脲试剂：称取硫酸铜（$CuSO_4 \cdot 5H_2O$）1.5 g，加蒸馏水约 200 mL，加热溶解，冷却。称取酒石酸钾钠（$C_4H_4O_6KNa \cdot 4H_2O$）6 g，加蒸馏水约 300 mL，加热溶解。将上述两液混合，加入 10%NaOH 300 mL，混合后加蒸馏水至 1 000 mL，置于塑料试剂瓶中，此试剂可长期保存。

⑥ 标准蛋白溶液（1 mL=0.5 mg）：准确称取 50 mg 牛血清蛋白粉末，用少量 0.1 mol/L NaOH 溶液湿润溶解，加蒸馏水至 100 mL，4 ℃冰箱保存。

4. 实验步骤

（1）每组选 1 名身体健康的同学，在运动前用一次性尿杯留取中段尿液后，充分做好准备活动，然后在 400 m 田径场上尽全力进行 5 000 m 长跑。

（2）在运动后 10 min 内用一次性尿杯留取中段尿液，如测 24 h 尿蛋白，则需将 24 h 尿液混匀后留样。用 pH 试纸测试尿液酸碱度，若 pH 超过 8.0，用少量 30%醋酸调节至中性偏酸。

（3）进行尿蛋白定性测试。取一小试管，加入尿液 0.5 mL（约 10 滴），再加入 3%磺基水杨酸溶液 1.5 mL，摇匀。1 min 内并按表 2-14 判断结果。

表 2-14　尿蛋白定性结果判断

结果	报告方式	蛋白质含量（g/L）
清晰透明	-	<0.01
黑色背景下可见轻微混浊	极微量	0.05~0.09
轻微浑浊	±	0.1~0.49
白色浑浊，无沉淀	+	0.5~0.9
混浊，颗粒沉淀	++	1.0~1.9
混浊，大量絮状沉淀	+++	2.0~5.0
混浊，大凝块	++++	>5.0

若尿蛋白在“+++”至“++++”之间，则需将尿液稀释 5 倍后使用。

（4）沉淀蛋白。取一大离心管，加入 5.0 mL 尿液或稀释尿液，2.5 mL 0.075 mol/L 硫酸和 2.5 mL 0.15%钨酸钠，充分混匀后，静置 10 min，以 3 000 转/min 离心 5 min，倾去上清液，将试管倒置沥干，保留沉淀。

（5）另取 6 支大试管，分别作为空白管（0）及标准管（S_1~S_5），上述含沉淀物的离心管为测定管，标号后按表 2-15 进行操作。

表 2-15　尿蛋白测定的加样程序

	空白管	标准管 1	标准管 2	标准管 3	标准管 4	标准管 5	测定管
生理盐水（mL）	1.0	0.8	0.6	0.4	0.2	—	1.0
标准蛋白溶液（mL）	—	0.2	0.4	0.6	0.8	1.0	—
双缩脲试剂（mL）	4.0	4.0	4.0	4.0	4.0	4.0	4.0
充分混匀，置 37 ℃水浴 15 min							

（6）测定 *OD* 值。以空白管调零，540 nm 波长比色，测定各管的 *OD* 值。

（7）尿蛋白浓度的确定。在坐标纸上，以光密度（*OD*）为纵坐标，浓度（*C*）为横坐标，绘制出标准曲线图。根据 X 管的 *OD* 值在标准曲线上查出尿蛋白浓度，在乘以稀释倍数即为待测尿液中尿蛋白的浓度。

5. 注意事项

（1）正常人安静时本试验呈阴性反应，但尿中盐类结晶较多时也出现假阳性反应，可先加热原尿，使其浑浊消失，再加入磺基水杨酸。

（2）本法很敏感，判断结果应严格控制在 1 min 内，时间延长会使反应强度升级而影响判断。

（3）尿液较混浊时，应先加热清除无机盐结晶。

6. 实验结果（表 2-16）

表 2-16　运动前、后尿蛋白含量的变化

	尿蛋白 定性	尿蛋白 定量（g/L）
运动前		
运动后		

7. 结果分析

根据实验结果，围绕运动前、后尿蛋白的变化及其尿蛋白的测定在运动实际中的应用进行分析讨论。

8. 指标应用

正常人尿蛋白含量在 2 mg/dL 以内，24 h 总量为 10～150 mg，用一般方法不易检测出来，称尿蛋白阴性。运动可引起尿蛋白增多，称运动性尿蛋白。尿蛋白的测定可作为评定运动负荷、身体机能状况及恢复情况的生化指标。

应用时，一般采集晨起安静时尿液与运动后 15 min 尿液进行比较，以评

定一次运动负荷的大小。运动量大，尤其是强度越大，尿蛋白生成量越多。采集运动后 4 h 或次日晨尿液，可观察身体机能状况及恢复情况。若发现运动后 4 h 或次日晨尿蛋白下降到正常值，说明机能已恢复；若仍在较高水平，则说明尚未恢复。在完成相同运动负荷或比赛时若尿蛋白稳定，说明机能状态良好，机能状态下降时尿蛋白明显增加；训练水平提高后，在完成相同运动负荷或比赛后尿蛋白会出现下降趋势；连续测试若发现恢复时间延长，则说明机能水平下降。

影响运动性尿蛋白的因素较多，如机能状况、训练手段、情绪、环境、年龄等，且存在个体差异，因此，可在一个训练周期中进行跟踪测试，根据个体尿蛋白变化规律评定训练负荷、系统监测机体对训练负荷的适应情况。

实验十　尿肌酐的测定(碱性苦味酸法——Jaffe 反应法)

1. 实验目的

（1）学习尿肌酐测定方法及尿肌酐系数的计算；

（2）掌握尿肌酐系数指标在运动实践中的作用。

2. 实验原理

无蛋白尿液中的肌酐与碱性苦味酸盐反应，生成橙红色的苦味酸肌酐（“Jaffe”氏反应），其生成量与肌酐含量成正比，用比色法即可求出尿中肌酐含量。

苦味酸+肌酐→苦味酸肌酐（橙红色复合物）

3. 主要仪器和试剂

（1）仪器。721 或 722 型分光光度计、试管及试管架、离心机、分析天平等。

（2）试剂及配制方法。

① 饱和苦味酸溶液：称取苦味酸 15 g 置于大烧杯中，加蒸馏水至 1 000 mL，加热助溶，冷却至室温，瓶底若有结晶析出，表示已饱和，取上层清液备用，贮存在棕色瓶中。

② 10%氢氧化钠溶液。

③ 碱性苦味酸试剂：将饱和苦味酸和 10% NaOH 按 5∶1 体积比混合，临用时配制。

④ 肌酐标准贮存液（1 mL = 1 mg）：准确称取纯肌酐 0.1 g 置于 100 mL 容量瓶中，加 0.1 mol/L 盐酸溶解稀释至刻度。此溶液在 4 ℃冰箱内可以长期保存。

⑤ 肌酐标准应用液（1 mL = 0.1 mg）：准确称取贮存液 10 mL 于 100 mL

的容量瓶中，加入 0.1 mol/L 盐酸 10 mL，再加蒸馏水至刻度。此溶液可以在 4 ℃冰箱内保存 1 周。

4. 实验步骤

（1）用尿杯收集中段尿或收集受试者受试者 24 h 尿液，混匀。

（2）制备稀释尿液（1∶100）：取 0.1 mL 尿液置于大试管中，加 9.9 mL 蒸馏水，摇匀。

（3）取大试管 3 支，分别按照空白管（0）、标准管（S）和测定管（X）编号，按表 2-17 进行操作。

表 2-17　尿肌酐测定的加样程序

	空白管（0）	标准管（S）	测定管（X）
肌酐标准用液（mL）	—	0.5	—
稀释尿液（1∶100）（mL）	—	—	5
10%NaOH（mL）	0.2	0.2	0.2
蒸馏水（mL）	5.0	4.5	—
饱和苦味酸（mL）	1	1	1
摇匀后，放置 10 min			

（4）测定 *OD* 值。以空白管调零，520 nm 波长比色，分别测定 S 管和 X 管的 *OD* 值。

（5）尿肌酐的计算。按照下列公式计算尿肌酐的浓度

$$\text{尿肌酐}(\text{mg/dL})=\frac{OD_x}{OD_s}\times C_s\times\text{稀释倍数}=\frac{OD_x}{OD_s}\times 10\times 100\times\frac{0.5}{5}=\frac{OD_x}{OD_s}\times 100$$

$$24\ \text{小时尿肌酐量（mg）}=\frac{\text{尿肌酐（mg/dL）}\times 24\ \text{h 尿量（mL）}}{100}$$

$$\text{尿肌酐系数}=\frac{24\ \text{h 尿肌酐量（mg）}}{\text{体重（kg）}}$$

5. 注意事项

（1）显色反应 10~15 min 内完成比色，若时间过长，尿液中其他物质也能与碱性苦味酸起非特异性反应而影响结果。

（2）若测定管显色过深，应再将尿液稀释，结果乘以稀释倍数即可。

6. 指标应用

正常人尿肌酐日排出量较为恒定：男子 1.0~1.8 g，女子 0.7~1.0 g。24 h 每千克体重排出的尿肌酐毫克数称尿肌酐系数。正常人尿肌酐系数为：男子

18～32 mg/kg 体重，女子 10～25 mg/kg 体重。

尿肌酐日排出量与肌肉中磷酸肌酸和肌酸的含量有关，运动员尿肌酐系数高于常人，一般为 25～40 mg/kg 体重。不同项目运动员其系数也不同，力量、速度项目（如短跑、举重、投掷等）运动员尿肌酐系数可高达 36～42 mg/kg 体重，且尿肌酐的日排出量与运动成绩高度相关。

在运动员机能评定中，尿肌酐系数可作为力量素质与速度素质的评定、选材、训练效果的检测指标，尿肌酐系数高是肌肉机能好的反映，反之，可能是肌肉机能下降的表现。

7. 思考题

（1）肌酐是如何生成的？

（2）如何利用尿肌酐系数指标评定运动员机能状态？

第三部分　运动生物化学综合性实验

3

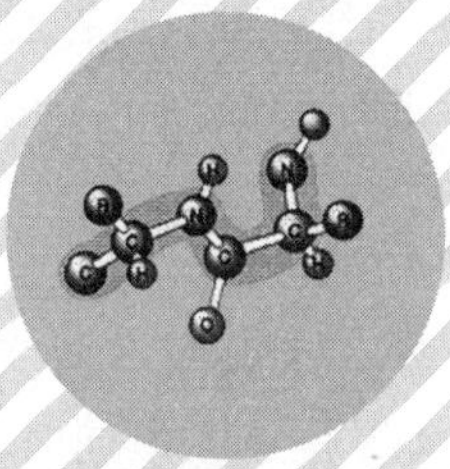

一、综合性实验的定义和意义

关于综合性实验的定义，目前还没有一个统一和权威的说法，专家和学者对此各有不同的观点和意见。教育部颁发的高等学校教学工作水平评估方案把综合性实验解释为："实验内容涉及本课程的综合知识或与本课程相关课程知识的实验"。也有人认为，综合性实验就是把基础理论知识和各种实验技能、方法联系起来，相互交融、相互利用、相互渗透的一种有效的实验形式。综合性实验不仅让学生学习知识，掌握实验技能，而且还要培养和提高学生综合应用实验方法、技能以及思考问题和解决问题的能力。

因此，综合性实验不应仅局限于实验内容的综合，还应包括实验内容、实验方法、实验手段的综合。因此可以把综合性实验理解为实验内容涉及相关的综合知识或运用综合的实验方法、实验手段，对学生的知识、能力、素质形成综合的学习与培养的实验。综合性实验的特征应体现在实验内容的复合性、实验方法的多元性、实验手段的多样性、人才培养的综合性。

二、综合性实验的实践过程

由于综合性实验的内容多、涉及的知识点多、知识面广而实验时间长，需用到的实验仪器设备多、让学生发挥的空间大等特点，但同时也要考虑整个实验课的学时数。在整个实验总学时数不变的前提下，适当缩减传统的验证性实验项目，然后综合设计几个符合学生和学校实验条件实际的综合性实验项目。

1. 实验技能的综合性

应用多种实验技能、方法才能完成实验的全过程。

2. 传统性实验项目合理地组合

例如，运动对血液生化指标的影响，其实验内容可涉及三方面的内容：运动对血乳酸的影响、运动对血尿素的影响、运动对血氨的影响。运动对尿液生化指标的影响，其实验内容可涉及两个方面的内容：运动对尿蛋白的影响和运动对尿肌酐的影响等。通过将有关血液指标测定的几个实验综合成一次实验课来完成，即使课时饱满、内容丰富，又节省资源，此为本实验的综合点之一。将生化指标的检测和运动实践有机地结合起来是本实验的综合点之二。内容涉及不同的章节，根据实验结果加深学生运动对机体代谢影响的理解，加强理论和实践的有机结合，这是本实验的又一综合点。

3. 根据运动项目的代谢特点和生化指标之间的关系设计综合性实验

例如，有氧运动锻炼效果的综合评定，其内容可包括有氧运动锻炼前后晨脉、身体成分的变化，有氧运动锻炼前后空腹血糖、血红蛋白含量、血脂的变化等。实验指标既有生理指标，又有生化指标，生化指标中又是几个指标有机的综合。

实验一 肝(肌)糖原的提取、鉴定及定量测定

1. 实验目的

（1）学习动物组织样本的制备方法。

（2）了解肝糖原、肌糖原的提取方法。

（3）掌握肝（肌）糖原指标在运动中的意义。

2. 实验原理

肝和肌肉组织中的糖原含量最高，适用于糖原的提取和鉴定。用三氯醋酸破坏动物肝或肌肉组织中的酶且沉淀蛋白质，保留糖原。因糖原不溶于乙醇而溶于热水，故先用95%乙醇将溶液中的糖原沉淀，再溶于热水，糖原溶液呈乳样光泽，遇碘呈红棕色。

糖原本身无还原性，在酸性溶液中加热可水解为具有还原性的葡萄糖，后者可将碱性铜试剂（班氏试剂）中的二价铜还原为氧化亚铜。利用上述性质，可判断组织中糖原的存在。

糖原在浓碱溶液中非常稳定，在显色剂加入之前先将肝（肌）组织放入浓碱中加热以破坏其他成分而保留糖原。糖原被浓硫酸脱水生成糖醛衍生物，后者与蒽酮作用可生成蓝色化合物，与同样处理的标准葡萄糖溶液比色定量即可换算出糖原的含量。

3. 主要仪器和试剂

（1）仪器。721或722型分光光度计、匀浆器、离心机、手术剪刀、电子天平、试管等。

（2）试剂及配制方法。

① 5%三氯醋酸。

② 95%乙醇。

③ 0.9%氯化钠。

④ 碘试剂：碘100 mg，碘化钾200 mg，溶于50 mL蒸馏水中。

⑤ 浓盐酸。

⑥ 50%和30%氢氧化钠溶液。

⑦ 班氏试剂：称取柠檬酸钠17.3 g，无水碳酸钠100 g，溶于700 mL蒸馏水中，加热搅拌至溶解，冷却至室温。慢慢加入17.3% $CuSO_4 \cdot 5H_2O$ 溶液100 mL，边加边摇，再加蒸馏水稀释至1 000 mL。试剂如混浊，可过滤后取滤

液备用。此试剂可长期保存。

⑧ 98%分析纯浓硫酸。

⑨ 葡萄糖标准贮存液（1 mg/mL）：精确称取纯无水葡萄糖 0.1 g，加蒸馏水溶解，并稀释至 100 mL。

⑩ 葡萄糖标准应用液（0.01 mg/mL）：准确吸取葡萄糖标准贮存液 1 mL，用蒸馏水稀释至 100 mL。

⑪ 蒽酮显色剂：将 0.2 g 蒽酮放入烧杯，加 98%浓硫酸约 10 mL，用玻璃棒充分搅拌溶解后，再加入 98%浓硫酸至 100 mL。此液需临用前配制，配好后避光保存。

4. 实验步骤

（1）肝（肌）糖原的提取。

① 实验动物肝（肌）组织匀浆液的制备：实验动物（常用小鼠、大鼠或兔）处死后立即取出肝或肌肉，用生理盐水漂洗，并用滤纸吸干，称取 1.5 g。将组织迅速剪碎，放入塑料离心管，加入 4 mL 浓度为 5%的三氯醋酸，用高速匀浆机匀浆 1 min 即得到组织匀浆液。

② 糖原的提取：将上述匀浆液离心机以 4 000 r/min 离心 10 min，取上清液 2 mL 放入大离心管中，加入 2 mL 95%乙醇混匀，加盖置室温放置 10 min 以上。然后离心机以 4 000 r/min 离心 10 min，小心倒掉上清液并将离心管倒置 10 min，管内的沉淀物即为糖原。加入 2 mL 蒸馏水，加热使其溶解，溶液呈乳样光泽。

（2）糖原的鉴定。

① 与碘的反应：取糖原溶液 2 滴于白磁凹盘孔穴中，加碘试剂 2 滴，颜色呈红棕色。另一孔穴中可只加碘液作对比。

② 糖原水解液中葡萄糖的鉴定：取糖原溶液 1 mL 加入浓盐酸 5 滴，置于沸水中水解 15 min，取出冷却，用 50% NaOH 中和（约 5 滴）。另取一试管，加班氏试剂 10 滴，再加入糖原水解液 10 滴，轻摇混匀，在火焰上直接煮沸 1~2 min，观察并记录颜色变化。

（3）肝（肌）糖原的定量测定。

① 样本前处理。

取新鲜肝或肌肉组织用生理盐水漂洗后滤纸吸干，称重（样本量≤100 mg 为宜），按样本重量（mg）：30% NaOH 体积（μL）= 1∶3，一起加入试管中沸水浴煮 20 min，流水冷却即成糖原水解液。

② 将糖原水解液制备成糖原检测液。

肝糖原检测液（1%）：加水量 = 肝重量×100 − 肝重量×4 = 肝重量×96

肌糖原检测液（5%）：加水量＝肌肉重量×20－肌肉重量×4＝肌肉重量×16

③ 取 3 支大试管，按照空白管（0）、标准管（S）和测定管（X）编号，按表 3-1 进行操作。

表 3-1　肝（肌）糖原测定的加样程序

	空白管（0）	标准管（S）	测定管（X）
蒸馏水	1.0	—	0.9
标准品（0.01 mg/mL）	—	1.0	—
糖原检测液（mL）	—	—	0.1
显色剂（mL）	2	2	2

④ 混匀后置沸水浴中煮 5 min，冷却。

⑤ *OD* 值的测定：620 nm 波长，空白管调零，测各管 *OD* 值。

⑥ 糖原含量的计算：按照下列公式计算肝（肌）糖原的含量。

$$肝糖原含量（mg/g 肝组织）=\frac{OD_x}{OD_s}\times 标准液浓度\times 100\times 10\div 1.11$$

$$肌糖原含量（mg/g 肌肉组织）=\frac{OD_x}{OD_s}\times 标准液浓度\times 20\times 10\div 1.11$$

注：1.11 为此法测出的葡萄糖含量换算成糖原含量的系数。

5. 指标应用

糖原是生物体内能源的一种储存形式。正常进食后处于安静时，肝糖原分解占肝释放葡萄糖总量的 70%，仅能满足大脑及依靠糖酵解供能的组织需要。短时间大强度运动时，肝糖原分解速率大大加快，占肝葡萄糖释放量的 90%，但因持续时间短，肝糖原一般不会排空；长时间大强度运动时，肝糖原分解速率提高，但随着运动时间的持续（约 40 min 后），占肝葡萄糖释放总量的比例逐渐减少，糖异生供糖所占比例加大，当肝贮存的糖接近排空时，肝糖原分解降到最低程度，而糖异生供糖并不能完全补偿，导致血糖的来源与去路之间的平衡失调、血糖水平下降。所以运动前及运动后恢复期应适当摄取高糖膳食以提高肝糖原储备，对维持血糖稳定、延缓运动性低血糖出现、推迟运动疲劳的发生有积极意义。

安静时人体基本不利用肌糖原分解供能。剧烈的短时间运动中以糖酵解供能为主，一般不引起明显的糖原耗竭或低血糖，但肌糖原储量过低会降低无氧代谢能力。因此，运动前维持足够的肌糖原贮备量对于以无氧代谢供能为主的运动是必要的。长时间运动时糖原的分解代谢起主要作用，运动前肌糖原储量决定了运动员到达运动力竭的时间。在长时间运动的最后冲刺阶段，肌糖原水平的高低可能是决定胜负的关键因素。

6. 结果分析

分析肝（肌）糖原在不同类型运动过程中供能的生化特点。

实验二　乳酸阈和个体乳酸阈强度的测定

1. 实验目的

(1) 掌握利用乳酸、心率在运动负荷中的变化来判断个体乳酸阈强度的方法。

(2) 掌握个体乳酸阈强度在运动训练实践中的应用与评价。

2. 实验原理

乳酸阈是指人体在递增负荷强度时，由有氧代谢开始向无氧代谢转变的临界点。运动实际中常以血乳酸浓度达到 4 mmol/L 时所对应的运动强度（最大摄氧量百分比）或功率（W）、心率称为乳酸阈强度。但是，由于在运动负荷中，每个人都有不同的血乳酸动力学变化特点。因此，对于不同项目、不同的运动员个体和相同的运动个体、不同的训练阶段而言，这种乳酸阈值都是会变动的。因此，在运动实践中，测定运动员的个体乳酸阈对于科学地评定运动员的身体机能、评价运动训练的效果和科学地制定有氧训练的运动强度具有非常重要的意义。

3. 主要仪器和试剂

(1) 仪器。功率自行车（或跑台）、心率表、721 或 722 型分光光度计、一次性采血针、微量吸量管。

(2) 主要试剂。血乳酸测定的试剂见基础性实验。

4. 实验步骤

(1) 乳酸阈强度的测定。

① 受试者佩戴心率表。

② 受试者蹬功率自行车做准备活动 1~2 min。

③ 实验开始后，受试者在功率自行车上做逐级递增功率的定量负荷运动，共分 5 级，男子起始负荷为 100 W，女子起始负荷为 50 W，每级递增 50 W，每级负荷运动时间为 3 min。

④ 蹬车过程中连续记录每级实际完成的功率、心率，并在第 1、2、3、4 和 5 级末期吸取末梢血液 20 μL，放入装有 0.48 mL 1%NaF 的试管中，混匀，以备测定血乳酸。

⑤ 按照基础性实验二测出各级负荷时的血乳酸值。

⑥ 以血乳酸值为纵坐标，以负荷功率、心率值为横坐标，画出血乳酸变化的曲线图。找出曲线的拐点以及拐点所对应的运动功率、心率，即乳酸阈的强度。

（2）个体乳酸阈的测定。

① 受试者佩戴心率表。

② 受试者蹬功率自行车做准备活动 1~2 min。

③ 受试者在功率自行车上做逐级递增功率的定量负荷运动，起始负荷为 50 W，每 3 min 递增负荷 50 W，一般递增不超过 6 级。

④ 蹬车过程中连续记录每级实际完成的功率、心率，并在各级负荷后即刻和恢复期第 2、5、8、10 和 15 min 吸取末梢血液 20 μL，放入装有 0.48 mL 1%NaF 的试管中，混匀，以备测定血乳酸。

⑤ 按照基础性实验二中内容分别测定安静时和各级负荷后即刻和恢复期中的血乳酸浓度。

⑥ 以血乳酸浓度为纵坐标，以运动时间为横坐标，在坐标纸上画出乳酸动力学变化曲线图。以最后 1 级负荷后即刻的血乳酸为 *A* 点，由 *A* 做水平线与恢复期曲线相交与 *B* 点，再由 *B* 点向负荷曲线做一条切线，切于 *C* 点，而 *C* 点所对应的血乳酸浓度即为个体乳酸阈（图 3-1）。

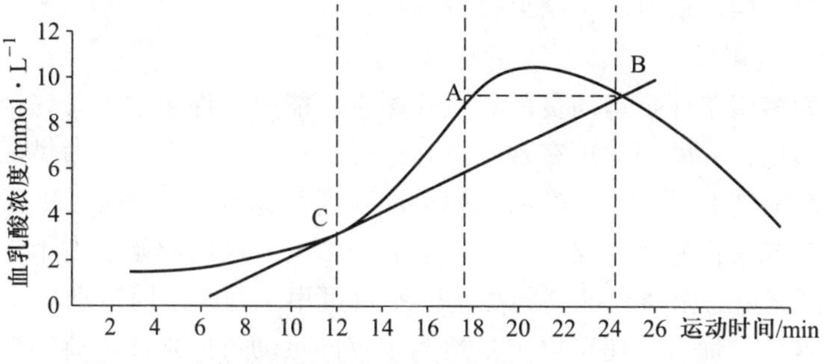

图 3-1　个体乳酸阈测定示意图（引自 Stegmarn，1981）

⑦ 以血乳酸值为纵坐标，以负荷功率、心率值为横坐标，在坐标纸上画出血乳酸变化的曲线图，根据个体乳酸阈对应的血乳酸浓度，找出所对应的运动功率、心率，即个体乳酸阈的强度。

5. 实验结果

（1）乳酸阈强度的测定结果（表 3-2）。

表 3-2　乳酸阈强度的测定结果

		安静	运动/min				
			3	6	9	12	15
功率/W	男	0	100	150	200	250	300
	女	0	50	100	150	200	250
心率/次 · min^{-1}							
血乳酸/mmol · L^{-1}							

（2）个体乳酸阈及其强度的测定结果（表 3-3）。

表 3-3　个体乳酸阈及其强度的测定结果

	安静	运动时/min					恢复期/min				
		3	6	9	12	15	2	5	8	10	15
功率/W	0	50	100	150	200	250					
心率/次 · min^{-1}											
血乳酸/mmol · L^{-1}											

6. 结果分析

根据实验结果，围绕个体乳酸阈和乳酸阈的区别以及个体乳酸阈强度在运动训练中的应用价值对实验结果进行分析。

7. 指标应用

乳酸阈多用于评定运动员的有氧代谢供能能力。许多学者研究证明，与最大摄氧量相比，乳酸阈能更客观、更好地反映运动员的有氧代谢供能能力。运动时血乳酸浓度上升，其上升的起始运动强度为 50%～60%最大摄氧量；耐力运动员由于有氧代谢能力强，所以使血乳酸浓度升高的起始强度推迟到 60%～70%最大摄氧量。个体乳酸阈的测定，不仅可用于判断不同运动员个体有氧代谢能力的差异与优劣，还可以定量地测定不同运动员的强度负荷和功率，并以此为依据制定相应的有氧耐力训练计划安排。根据个体乳酸阈选择最佳的训练强度，为科学训练提供理论依据。更重要的是，根据个体乳酸阈的变化，可以科学地评定耐力训练效果。因此，个体乳酸阈在运动实践中的应用越来越广泛。

实验三　运动负荷强度的生化评定

1. 实验目的

（1）掌握血氨、血乳酸和尿蛋白等生化指标评价负荷强度的原理与方法。

（2）熟悉血氨、血乳酸和尿蛋白等指标的测定方法。

2. 实验原理

运动过程中供能系统包括磷酸原、糖酵解和有氧氧化三大系统，根据机体代谢特点、代谢底物及代谢产物的改变，以磷酸原供能为主的运动以血氨为评价运动负荷强度的主要指标，以糖酵解供能为主的运动以血乳酸为评价运动负荷强度的主要指标，在进行有氧运动时，运动强度增高伴随机体肾上腺素分泌增高，肾小球滤过率升高，肾小管重吸收率下降及分泌增加等因素影响尿蛋白生成量，进而可通过检测机体尿蛋白量评定运动负荷强度。因此，在运动训练的生化监控中，目前常采用血氨、血乳酸和尿蛋白等指标综合评定运动负荷强度。

3. 主要仪器和试剂

（1）主要仪器。秒表、心率表、721 或 722 型分光光度计、采血器、试管、一次性尿杯及试管架。

（2）主要试剂。

① 测定血氨的试剂：见基础性实验五。

② 测定血乳酸的试剂：见基础性实验二。

③ 测定尿蛋白的试剂：见基础性实验九。

4. 实验步骤

（1）在班级中随机抽取 3 名男同学，在安静状态下从肘静脉抽取静脉血 2 mL，并立即用微量吸量管吸取 20 μL 的全血，放入装有 0.48 mL 1%NaF 的试管中，混匀，以备测定血乳酸，其余血液静置 30 min 后离心分离血清，以备测定血氨，同时用一次性尿杯留取中段尿 10 mL，测定尿蛋白。

（2）受试者戴好心率表，在实验前测定安静时心率，做完准备活动后，分别做全力 100 m、800 m 和 3 000 m 跑，记录成绩。

（3）测定运动后即刻心率，运动后即刻采取血样测定血乳酸、血氨。具体方法见实验步骤（1），同时在运动后 15 min 用一次性尿杯留取中段尿 10 mL，测定尿蛋白。

（4）根据基础性实验五测定运动前后血氨的含量。

（5）根据基础性实验二测定运动前后血乳酸的含量。

（6）根据综合性实验九测定运动前后尿蛋白的含量。

5. 实验结果

将每位受试者实验数据分别计入表 3-4 中。

表 3-4　不同负荷强度的运动前、后各种指标的变化

运动时间	100 m 跑		800 m 跑		3 000 m 跑	
	运动前	运动后	运动前	运动后	运动前	运动后
心率/次 · min^{-1}						
血氨/umol · L^{-1}						
血乳酸/mmol · L^{-1}						
尿蛋白/mg · dL^{-1}						

6. 结果分析

分析 100 m、800 m、3 000 m 全力跑后血氨、血乳酸和尿蛋白等指标的变化特点，比较不同强度运动后这些生化指标的差异，讨论这些指标与负荷强度之间的关系及可能机制。

实验四　运动负荷量的生化评定

1. 实验目的

（1）掌握血尿素、血酮体和血清 CK 等生化指标评价运动负荷量的原理与方法。

（2）熟悉血尿素、血酮体和血清 CK 的测定方法。

2. 实验原理

运动负荷量是运动人体在运动中所承受或完成的身体负荷量，在运动实践中，通过负荷强度和负荷量的调节与变动，可达到不同的锻炼或训练目的。运动负荷量是评定运动负荷的一个方面。机体在运动过程中，随着运动负荷量的增加，机体代谢底物的消耗与代谢产物的生成均增多，而代谢产物的生成与清除也同时发生，当代谢产物生成速率大于消除时，最终形成代谢产物在体内的积累。随着运动时间的延长，脂肪酸和蛋白质参与供能的比例逐渐增加。氨作为蛋白质代谢产物之一，尿素生成增多，血尿素含量增高；酮体为脂肪酸代谢的中间产物，酮体生成增多，血酮体增加。此外，若运动负荷量过大可导致肌细胞膜受损从而使肌酸激酶释放入血，形成血清 CK。因此，在日常训练中，用于监控运动负荷量的常用指标包括血尿素、血酮体和血清 CK 等，应掌握它们在实践中的主要应用方法。

3. 主要仪器和试剂

（1）主要仪器。秒表、心率表、721 或 722 型分光光度计、采血器、试管及试管架。

（2）主要试剂。

① 测定血尿素的试剂：见基础性实验四。

② 测定血酮体的试剂：见基础性实验八。

③ 测定血清 CK 的试剂：见拓展性实验——肌损伤生化指标测试实验一。

4. 实验步骤

（1）受试者佩戴好心率表，在实验前测定安静时心率，并从肘静脉抽取静脉血 2 mL，血液静置 30 min 后离心分离血清，以备测定血尿素，血酮体和血清 CK。

（2）将班级同学分为两组，第一组 5 km 越野跑，第二组 10 km 越野跑，可结合校园马拉松活动进行测试。

（3）测定运动后即刻心率，采集血样并测定血尿素、血酮体和血清 CK，采集方法见实验步骤（1）。

（4）根据基础性实验四测定运动前后血尿素的含量。

（5）根据基础性实验八测定运动前后血酮体的含量。

（6）根据拓展性实验——肌损伤生化指标测试实验一测定运动前后血清 CK 的含量。

5. 实验结果

将所有实验结果填入下表（表 3-5）。

表 3-5 不同负荷量的运动前、后各种指标的变化

组别	序号	运动时间	心率（次/min）		血尿素（mmol/L）		血酮体（mmol/L）		血清 CK（U/L）	
			运动前	运动后	运动前	运动后	运动前	运动后	运动前	运动后
5 km 组	1									
	2									
	3									
	4									
	5									
	6									
10 km 组	1									
	2									
	3									
	4									
	5									
	6									

6. 结果分析

分析 5 km、10 km 越野跑后心率、血尿素、血酮体、血清 CK 含量等指标的变化特点，比较不同负荷量运动后这些生化指标的差异，讨论这些指标与负荷量之间的关系及其机理。

7. 注意事项

受试者需在实验前进行体检，排除不适合运动的各种因素，确保在身体机能良好状态下测试。

实验五　有氧耐力运动锻炼效果的综合评定

1. 实验目的

（1）学习有氧耐力运动锻炼效果的生化综合评定方法。

（2）熟悉血清甘油三酯、血清总胆固醇和血红蛋白的测定方法。

2. 实验原理

经常从事有氧耐力运动锻炼，可以通过改变载脂蛋白和脂蛋白代谢酶的活性改善脂质代谢，即可以降低血清甘油三酯和血清总胆固醇的含量。有氧耐力训练过程中脂肪参与代谢所占比例增高，体脂降低，瘦体重增加。此外，有氧耐力训练可使机体线粒体及与有氧代谢相关的氧化酶活性增高，机体循环系统携氧能力增高等发生一系列适应性变化。因此，可通过测定血清甘油三酯、血清总胆固醇和血红蛋白等指标综合评定有氧耐力运动锻炼效果。

3. 主要仪器及试剂

（1）主要仪器。721 或 722 型分光光度计、试管及试管架、离心机、分析天平等。

（2）主要试剂。

① 测定血清甘油三酯的试剂：见基础性实验六。

② 测定血清总胆固醇的试剂：见基础性实验七。

③ 测定血红蛋白的试剂：见基础性实验三。

4. 实验步骤

（1）在大学生中随机选择 8~10 名男生，受试者体脂指数（BMI）>25。

（2）在实验前测定安静时心率，并从肘静脉抽取静脉血 2 mL，同时立即用微量吸量管吸取 20 μL 的全血，放入装有 5 mL 氰化高铁血红蛋白稀释液的试管中，混匀，以备测定血红蛋白，其余血液静置 30 min 后离心分离血清，以备测定血清甘油三酯和血清总胆固醇。

（3）制定有氧运动锻炼方案：采取快走、慢跑和游泳等项目，取其中一项，每天锻炼不少于 30 min，每周 3~4 次，共 6~8 周。运动过程中心率应达到 150~160 次/min，要求受试者严格按照方案进行锻炼。

（4）按照步骤（2）中介绍的方法测定有氧耐力锻炼末次，运动后 24 h 血清甘油三酯、血清总胆固醇和血红蛋白等指标。

（5）根据基础性实验六测定运动前后血清甘油三酯的含量。

（6）根据基础性实验七测定运动前后血清总胆固醇的含量。

（7）根据基础性实验三测定运动前后血红蛋白的含量。

5. 实验结果

将受试者实验结果填入表 3-6：

表 3-6　有氧耐力锻炼前、后相关指标变化

	心率（次/min）		血清甘油三酯（mmol/L）		血清总胆固醇（mmol/L）		血红蛋白（g/L）	
受试者	实验前	实验后	实验前	实验后	实验前	实验后	实验前	实验后
1								
2								
3								
4								
5								
6								
7								

6. 结果分析

根据测试数据结果，分析长期有氧耐力锻炼后各指标的变化及其原因，并对锻炼效果作出评价。

提示：适宜的有氧运动锻炼可以优化机体体成分，有效改善血脂成分，血清总胆固醇、甘油三酯降低，血红蛋白含量升高。如果锻炼时间少于 6 周，则可能上述效果均不明显。如果锻炼的强度和运动量过大，反而会出现血红蛋白下降，危害健康。同学们在实验过程中应注意观察，比较研究。

7. 注意事项

按照运动医学的要求筛选受试者，并结合运动处方对实验过程进行监控。在制定运动锻炼方案前，应查阅有关文献资料，以保证方案可行、有效。

实验六　力量锻炼效果的综合评定

1. 实验目的

（1）学习力量锻炼效果的生化综合评定方法。

（2）熟悉尿肌酐、血清 CK 的测定方法。

2. 实验原理

磷酸肌酸在体内自行分解，其失去磷酸后生成的肌酐经肾随尿排出体外即为尿肌酐。尿肌酐系数是指 24 h 每千克体重排出的尿肌酐的毫克数。一个阶段力量训练前后尿肌酐及尿肌酐系数即可反映肌肉力量的变化情况，尿肌酐含量增加，肌肉力量增加，磷酸肌酸含量增加，磷酸原供能系统的适应提高，因此可以通过一个阶段的力量训练，测定尿肌酐系数来评价机体磷酸原供能系统的能力与机体肌肉蛋白水平。

血清 CK 是肌酸激酶由骨骼肌透过细胞膜进入血液的结果，运动时的缺氧、代谢产物堆积等因素均可引起肌细胞膜通透性升高或肌细胞膜受损，因此可通过一个阶段的力量训练，测定完成同等物理负荷情况下 CK 的变化值来评价机体对一定力量训练负荷的适应情况。

3. 主要仪器及试剂

（1）主要仪器。721 或 722 型分光光度计、试管及试管架、离心机、分析天平等。

（2）主要试剂。

① 测定尿肌酐的试剂：见基础性实验十。

② 测定血清 CK 试剂：见拓展性实验肌损伤生化指标测试实验一。

4. 实验步骤

（1）在大学生中随机选取 8~10 名同学为受试者。

（2）实验前收集受试者 24 h 尿量，测定尿肌酐含量。实验前从肘静脉抽取静脉血 2 mL，血液静置 30 min 后离心分离血清，以备测定血清 CK 含量。

（3）力量训练方案。运动方式为负重蹲起，测试前做充分的准备活动，然后受试者进行力量训练，负荷强度为每次以 6 RM（最大重复次数）的负荷进行练习，5~6 次/组，3~5 组/天，每周 3~4 次，进行 4~6 周。

RM 是指在肌肉疲劳前完成一定次数的最大负荷，例如，你能将 30 kg 的重量最多蹲起 10 次，那么你的 10 RM 对应的负荷即为 30 kg，本实验正式训练前可通过多次增减负荷重量获得每位受试者 6 RM 对应的负荷重量，设为 X kg。以 X kg 重量作为测试和训练的负荷。

（4）收集第一次力量训练后 24 h 静脉血 2 mL，血液静置 30 min 后离心分离血清，以备测定血清 CK 含量。

（5）收集 4~6 周力量训练后 24 h 尿量，测定尿肌酐含量。

（6）收集末次力量训练后 24 h 静脉血 2 mL，血液静置 30 min 后离心分离血清，以备测定血清 CK 含量。

（7）根据基础性实验十测定尿肌酐的含量。

（8）根据拓展性实验——肌损伤生化指标测试实验一测定血清 CK 的含量。

5. 实验结果

将部分受试者实验结果填入下表（表 3-7）。

表 3-7　力量训练前、后相关指标的变化

体重（kg）				
24 h 尿量（L）				
负荷重量（kg）				
	4~6 周力量训练前		4~6 周力量训练后	
尿肌酐（mg/dL）				
	安静值	第一次训练后 24 h	安静值	末次训练后 24 h
血清 CK（U/L）				

尿肌酐系数 = 尿肌酐浓度×24 h 尿量÷体重

血清 CK 运动前后差值 = 训练后 24 h－安静值

6. 结果分析

根据测试数据结果，计算 4~6 周力量训练前后尿肌酐系数差值。

比较训练计划实施前第一次训练后 24 h 与安静时 CK 差值及训练计划实施后末次训练后 24 h 与安静时 CK 差值。分析力量锻炼后各指标的变化及其原因，并对锻炼效果做出评价。

提示：适宜的力量锻炼可以有效增加机体肌肉蛋白含量、提高肌肉力量。如果锻炼周期过短或负荷过低，则上述效果可能不明显。在实验过程中可注意观察，进行比较研究。

7. 注意事项

（1）有关力量训练的运动方案也可由健身教练提供。

（2）受试者一定要在运动损伤防护人员的监控与保护下进行练习，避免发生伤害事故。

4 第四部分　运动生物化学设计性实验

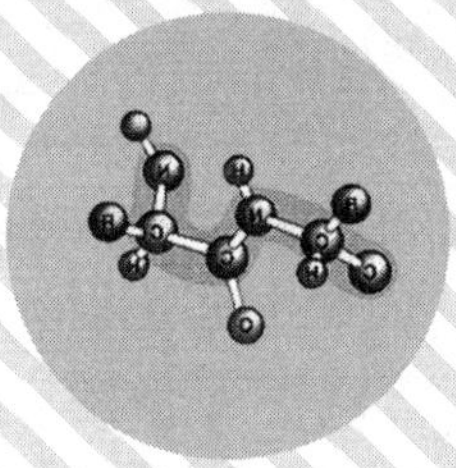

一、设计性实验的概念和特点

设计性实验是指给定实验目的、要求和实验条件，学生自己设计实验方案，并加以实现的实验。

设计性实验有两个特点：一是实验操作的独立性。即提供给学生小题目，学生自己查阅文献资料，自己制定方案，自行开展实验，在必要的情况下，可以请教老师。二是实验过程的可思考性。即完成实验可能有几种不同方法，学生通过分析、比较，选择自己认为可行的、合适的方案。

二、开设设计性实验的目的

开设学生自行设计运动生物化学实验，旨在启发学生应用已学过及掌握的实验知识和技能，去解决某些实际问题。

通过查阅文献、资料、进行实验设计，自己动手准备实验、操作实验，对实验结果进行记录、处理、统计分析、得出结论，直到最后撰写出实验报告或论文，学生可以初步了解科研实验的基本要求和一般程序。同时，系统的实验过程也培养学生实事求是的科学态度及严谨的工作作风，提高其创新能力。

三、设计性实验的实践过程

设计性实验由立题、实验设计、实验操作、结果分析和报告提交 4 个环节组成。

（一）立题

立题即确定所要研究的课题，是研究设计的前提，它决定科研方向和总体内容。立题的过程是创造性的思维过程。它包括选题和建立假设。

1. 选题的原则

一个好的选题应该具有目的性、创新性、科学性和可行性。

（1）目的性。选题应明确、具体地提出要解决的问题，它必须具有明确的理论或实践意义。

（2）创新性。选题应有创新性，或提出新规律、新见解、新技术、新方法，或是对原有规律、技术或方法的修改、补充。无新意的课题毫无价值。

（3）科学性。选题应有充分的科学依据，与已证实的科学理论、科学规律相符合，而非毫无根据的胡思乱想。

（4）可行性。选题应切合实验者的主、客观条件，不能盲目地求大、求新，最终只能纸上谈兵，无法实施。

所以，选题过程中要搜集大量的文献资料及实践资料并进行分析研究，了解前人及别人对有关课题已做的工作、取得的成果和尚未解决的问题。由于大多数学生没有做过系统研究，没有系统地查过文献，所以对文献的查阅方法和途径所知甚少。因此，指导教师需向学生讲授文献查阅的方法、途径和技巧。学生根据研究性实验的要求，查阅相关的文献。文献查阅的过程是对学生获取、整理、分析和利用文献的培养和锻炼，是培养学生科研素养的有效方法和途径。

只有在充分了解目前的进展和动向并进行综合分析的基础上，找出所要探索的研究课题的关键，进而建立假设、确定研究课题。

学生根据自己的兴趣自由选题或者结合指导教师的研究课题进行选题。后者又称为研究性实验，它是学生实验与教师科研相结合的实验教学方法，是一种教学、科研、实践三结合的模式。

2. 假设的建立

假设是预先假定的答案或解释，亦是实验的预期结果，科学的假设是关于事物现象的原因、性质或规律的推测性说明。其建立需要运用对立统一的观点进行类比、归纳和演绎等一系列逻辑推理过程。

（二）实验设计

实验设计就是制定出完成课题的科学实施方案，根据研究目的、结合专业和统计学要求，作出周密完整的有关具体内容、方法和计划安排，是实验过程的依据和数据处理的前提，也是提高实验研究质量的保证。

实验设计包括处理因素、受试对象、实验效应三大要素和对照原则、重复原则、随机原则三大原则。

1. 实验设计的三大要素

当假设已经形成，实验手段已经确定之后，再对科研问题的假设和证实加以概括即可形成题目，一个科研题目通常可反映研究内容的三个要素，即处理因素、受试对象和实验效应（相关示例见表 4-1）。

表 4-1　处理因素、受试对象和实验效应的示例

题目	处理因素	受试对象	实验效应
运动对人心率的影响	运动	人	心率
运动训练对糖尿病大鼠血糖的影响	运动训练	糖尿病大鼠	血糖

（1）处理因素。实验研究的特点之一是研究者人为设置处理因素。

物理的因素——运动、外伤、温度、缺氧、射线、电刺激等。

化学的因素——药物、营养液、毒素等。

生物的因素——细菌、病毒等。

在设计处理因素时要注意以下 4 点：

① 抓住实验的主要因素：实验主要因素按所提出的假设和目的来确定单因素或多因素。一般多次实验只观察一个因素的效应称为单因素。一次实验中同时观察多种因素的效应称为多因素。

必须注意一次实验的处理因素不宜过多，否则会使分组过多，方法繁杂，受试对象增多，实验时难以控制；但如果处理因素过少又难以提高实验的广度、深度及效率。

② 处理因素的强度：任何性质的因素都有一个“量”的大小问题，这就是因素的强度。如运动强度的大小、温度的高低、刺激的强度等。处理因素的强度应适宜，同一因素有时可以设几个不同强度，如一种营养补剂可设几个剂量（大、中、小剂量），即有几个水平，但也不要过多。

③ 处理因素的标准化：处理因素在整个实验过程中不变，即为标准化。如果不标准化，会影响实验结果的评价。例如，药物批号、仪器的参数等应在整个实验中保持不变。

④ 对非处理因素的控制：非处理因素就是干扰因素，其可能会影响实验结果，应加以控制。例如，要研究运动训练对机体某些生化指标的影响，就要选择年龄、性别、训练年限等基本相似的人群。

（2）受试对象。受试对象包括动物或人。

① 实验动物：动物的种类很多，而且实验动物包括正常动物及病理模型动物。实验时，可用整体动物、离体器官、组织和细胞。选择动物的原则需根据实验的目的、动物的特点、方法和指标的要求选择观察的对象。例如，小白鼠可用于运动性疲劳实验、营养素急性毒性实验等；大鼠用于心血管实验、免疫实验等。

② 人：人包括普通人、运动参与者和运动员。

（3）实验效应。

实验效应即处理因素对受试对象产生的作用，主要通过实验指标来反映。实验指标是指在实验观察中用于反映研究对象中某些可被检测仪器或研究者感知的特征或现象的标志。

实验指标选择的基本条件主要有以下六点：

① 特异性：观察指标能特异地反映某一特定现象，不致与其他现象相混淆。特异性低的指标容易造成“假阳性”。

② 客观性：客观性指标尽可能选用具体数字、图形来表达。如血压、心率、心电图、血红蛋白、血乳酸、血尿素以及尿蛋白等。不能受主观性指标影

响，如疲劳程度、主观症状等，即难定性，更不易定量。

③ 精确性：包括精密度和准确度。

精密度指的是重复观察时，各观察值和其平均值的接近程度，其差值属于随机误差。

准确度指观察值与其真实值的接近程度，主要受系统误差的影响。

实验指标必须要求既精密又准确。

④ 灵敏度：灵敏度高的指标能使处理因素的微小效应显示出来。

灵敏度低的指标可使本应出现的变化不易出现，造成“假阴性”结果。指标的灵敏性受测试技术、测量方法、仪器的精密度的影响。

⑤ 可行性：指研究者的技术水平和实验室的设备能够完成本实验指标。

⑥ 认可性：指现成指标必须有文献依据，自己创出的指标必须经过专门的实验鉴定，才能获得学术界的认可。如果使用国内外不认可的方法做出的结果是无效的。

2. 三大原则

三大原则在实验过程中必须始终遵守，目的是为了避免和减少实验误差，取得实验的可靠结论。

（1）对照原则。在实验中设计对照组是科研工作的重要手段，也是比较的基础，所以实验设计必须设计对照组。

设计对照组的目的在于抵消非实验因素的干扰和影响，避免对结果作出错误的判断。实验组与对照组之间除用以实验的药物，实验组与对照组在非实验因素方面应尽可能一致。

如动物实验中，实验组和对照组的动物种属、品系、性别、体重、健康状况等方面尽可能相同；观察的指标、方法、仪器、环境、人员要相同；在人体实验中要使实验组和对照组的性别、年龄、运动方案等尽可能一致。

（2）重复原则。重复是指可靠的实验应能在相同条件下重复出来，这就要求实验要有一定的重复数。重复数是指实验的次数或例数。

仅在一次实验或一个样本上获得的结果往往由于个体差异存在，以及实验误差的影响而不准确。样本太大，浪费人力财力，样本太小又难以获得正确的研究结果。所以，在实验设计时，对样本大小的估计应在保证正确可信的情况下确定量少的例数，提高实验的效率。

（3）随机原则。随机是指在实验研究中，对受试对象实验顺序设计分组的步骤，按照机遇的次序来安排。

随机目的是使每一个样本在实验中有同等机会，从而减少实验者主观因素或其他各种偏性误差的影响。

3. 常用的实验设计方法

实验设计方法指实验设计的随机分组方法。实验设计的方法很多，常用的有以下几种类型。

（1）自身对比设计。是在同一个体上进行的实验，最常用的是对每个观察单位进行两次观察，第一次观察不给予处理，第二次观察给予处理，两次结果的差值为实验结果。

（2）完全随机设计。亦称组间比较的单因素设计，它是将受试对象完全随机地分配到各个处理组中进行实验观察，或者分别从不同总体中随机抽样进行对比观察。它可以是两种样本的比较，也可以是多样本的比较。各样本含量可以相等，也可以不等。但样本相等时效率高。

（3）配对设计。配对设计将受试对象按相似条件配对，再随机分配每对中两个受试对象到两个组。在动物实验中常将同窝、同性别、同年龄、同体重的动物配对。这样可以减少组间的生物个体差异，从而减少实验误差。

4. 实验设计时的注意事项

有效减少和控制干扰因素；保证实验数据的可靠性、精确性和稳定性；尽可能地节约人力、物力和时间，尽可能安排多因素、多剂量、多指标实验，提高实验效率。

因此，实验设计主要是在教师的指导下，根据选题、研究方向和实验室的条件，设计研究方法和路线。在此过程中，指导教师要对研究方法和路线进行严格的审查和科学的论证，保证实验方法和路线的科学性和可操作性，确保设计性实验的顺利进行。

（三）实验操作

根据师生共同制定的研究方法路线，学生在教师指导下独立自主地进行实验操作。在本环节中，学生不但要进行材料的准备、试剂的配制，还要正确使用相关的仪器，对实验过程中出现的问题要正确分析，并及时进行实验总结。通过独立的实验操作过程，学生可以加深理解课堂中学到的理论知识，增长见识，提高分析问题和处理问题的能力。同时通过设计性实验，可以将各课程联系起来，将学到的知识结合起来，使学生的综合素质得到较大的提高。

（四）结果分析和报告提交

设计性实验的特点决定了必须要有研究的结果，因此，提交研究报告或研究论文成为该教学模式的重要内容。总结实验结果、撰写科研论文，在一定范围内进行学术报告，可以培养学生分析实验现象，总结实验结果，撰写实验论文的能力，这对于学生科研素养的养成和创新精神的培养有着重要的作用。

拓展空间

四、运动生物化学综合性、设计性实验教学模式

扫描二维码可下载应用程序，应用程序提取码：8386，需在电脑中运行。

在运动生物化学实验教学改革与实践中，南京体育学院张蕴琨教授带领团队创建了“菜单引导式”综合性、设计性实验教学模式，2009年获教育部国家级教学成果二等奖（图4-1）。该成果的内容之一是研发了《运动生物化学综合性设计性实验菜单选择》应用程序，根据设计性实验的各要素关系，针对体育专业本科学生知识特点和运动生物化学指标多、影响因素多及多学科交叉的特点，应用Visual Basic编写程序，引导学生进行实验设计。

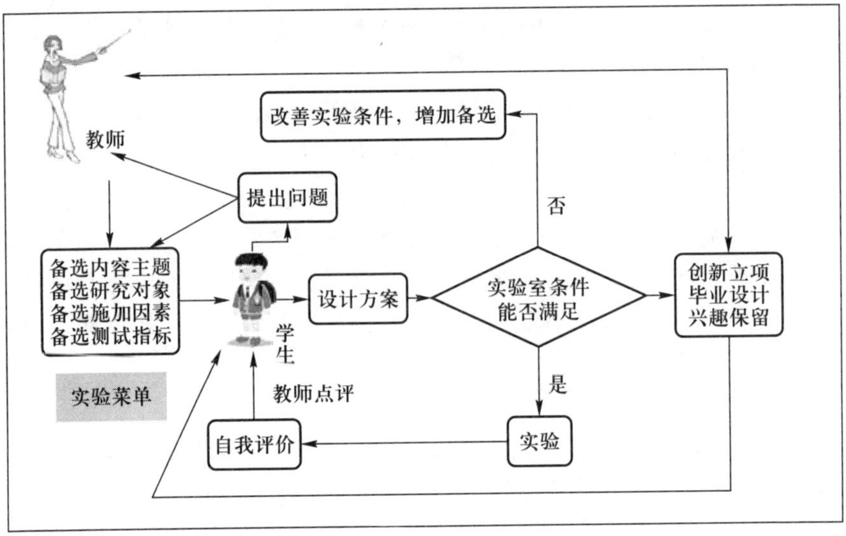

图4-1 “菜单引导式”综合性、设计性实验教学模式

（一）运动生物化学综合性、设计性实验教学模式

“菜单引导式”综合性、设计性实验教学模式，以学生好奇心为出发点，以兴趣为导向，以实验为手段，以学生创新能力培养为最终目标，构建“好奇·兴趣·实验·创新”的教学理念。

1. 分析学生特点，探索实验教学改革切入点

深入分析学生特点、提高针对性是架构创新教学体系的首要因素。例如，体育类学生通常具有一定的体育实践经历，思维活跃、活泼好动，喜欢直观的趣味性内容。

2. 分析课程地位，实现实验教学目标

运动生物化学实验教学是理论知识学习与实践应用的桥梁，承担以理论指导实践的重要任务，既是前导课程（运动解剖学、运动生理学）的理论深化，又为后继课程（运动训练学、运动营养学等）打下应用基础，因此，注重应用、强化能力训练是生化实验教学的目标。

3. 运用“好奇 · 兴趣 · 实验 · 创新”的教学理念

好奇是创造行为的开始，在创造性思维中具有触发催化的作用，从而成为学生行为的内在动力之一。要培养学生的创新能力，首先就要激发学生的好奇心。

兴趣是创新思维的先导，是创新的源动力。教师巧妙地引导学生，创设情景、设疑、以疑引趣、以奇引趣、以动引趣，在问题解决中体会学习的兴趣。

实验是一种探究性学习，是培养创新能力的手段。实验教学改革的重点是根据确定的选题由学生运用有关生化知识和技能，自主设计实验方案，自己动手操作完成实验，并分析实验结果，提高解决体育运动中的实际问题的能力。

创新是设计性实验的灵魂，实验教学改革的最终成果是培养学生的创新精神和创新能力。

（二）“运动生物化学综合性、设计性实验菜单”软件的使用

软件主界面采用不同的背景色彩进行区分，一页含有实验主题、实验对象、施加因素、测试指标（血样）、测试指标（尿样、其他组织样）的页面，设计者直接勾选相应内容即可。在主界面中的左侧输入学生姓名与学号，然后设计者在设计思路的文本框中填写，设计完成后，软件自动生成一个以学生学号为文件名的 TXT 文档，教师可以根据学生所写的思路，对照学生设计中实际勾选的主题、对象、施加因素、效应指标分析判断学生的设计是否与思路吻合，是否能实现实验目标。通过这一过程，学生与老师完成一次反馈，也让学生进一步修改设计方案，这样的反馈可反复多次，直至方案可达到实验目标。

软件自动生成的文档，简洁明了，自动生成格式，便于教师在众多的方案中快速阅读。此外，生成的文档采用占用系统资源最少的 TXT 格式，更利于教师同时打开多个学生的设计方案，同时比较与讲解。

软件的“知识准备菜单”中包含有丰富的内容介绍，即主界面所涉及各项内容的详细讲解与资料支撑。“知识准备菜单”既可为使用者提供学习资料，也可以作为实验设计原理的理论依据。

示例一　不同强度运动对机体糖代谢的影响

1. 实验目的和要求

（1）掌握运动强度与机体糖代谢之间的关系和特点。

（2）熟悉血糖、肌糖原、肝糖原的测试方法。

（3）初步了解设计性实验的基本要求和程序。

2. 研究背景

在剧烈的短时间运动中，肌肉中由于缺氧，糖原可经糖酵解途径转变为乳酸释放出能量供运动之需，但一般不会引起明显的糖原耗竭反应或者低血糖症。长时间运动时，虽然其他能源物质可在肌肉活动中供给一定的能量，但在运动中糖原的分解代谢仍起主要作用。运动中，骨骼肌大量吸收和利用血糖，必然与肝糖原分解和糖异生释放葡萄糖相联系。

运动时血糖浓度的变化取决于肝输出葡萄糖的速率（包括运动前、运动中补糖、消化系统吸收葡萄糖的速率）及相关组织对葡萄糖的摄取量，主要是由工作肌的摄取利用量来决定。

进行 1～2 min 的短时间大强度运动时，骨骼肌主要依靠肌糖原酵解供能；由于运动持续时间较短，肝受神经体液调节而增加肝糖原分解，引起葡萄糖输出速率加快的现象也不太明显，故血糖浓度无明显变化。进行 4～10 min 的全力运动时，骨骼肌仍依靠糖酵解及有氧代谢供能，摄取利用血糖的速率增加。但是，由于肝输出葡萄糖的速率已明显加快，进入血液中的葡萄糖速率明显超过组织器官摄取葡萄糖的速率。所以，血糖浓度明显上升，甚至可超过肾糖阈，达到 10～11.1 mmol/L，从而出现尿糖现象。进行 15～30 min 的全力运动时，运动肌以糖有氧代谢为主要供能方式。由于肌糖原消耗增多，吸收和利用血糖供能的比例上升，消耗血糖的速率达到或超过肝释放葡萄糖的速率，血糖浓度开始回落，在 7.2～7.7 mmol/L 之间，但仍显著高于安静状态。进行 1～2 h的长时间运动至疲劳时，由于肌糖原被大量排空，骨骼肌摄取利用血糖速率显著增多，肝糖原也大量排空，利用糖异生作用生成和输出葡萄糖逐渐变得重要起来，血糖供能比例可高达总耗氧量的 40%，吸收、利用血糖的速率接近最大值。肝释放葡萄糖的速率低于血糖利用速率。此时，血糖水平即使处在正常范围，也临近低限区间。进行超过 2 h 的运动至疲劳时，如果没有外源性葡萄糖的补充，利用糖异生产生和输出的葡萄糖，已很难满足运动肌的需要，可能会出现低血糖，严重时还会出现低血糖休克。运动 3 h 以上，血浆葡萄糖水平可降低至 2.5 mmol/L。

因此，运动时血糖浓度的变化与运动强度、持续时间、营养状态、训练水平、情绪状态，以及运动前或运动过程中补糖的情况有密切的关系。

3. 研究方案

（1）查阅文献资料。通过查阅资料进一步了解不同强度的运动时，血糖、肌糖原和肝糖原之间的变化特点，特别是血糖变化的特征及其调节过程。

（2）进行实验设计。根据已学的运动生物化学知识和相关文献资料，学生各自进行实验设计。实验设计的内容主要包括实验目的、实验对象及其施加的运动强度（如选用SD大鼠，分为不同的组别，分别进行不同强度的急性运动）、实验器材、实验观察的生化指标（如血糖、血乳酸、肌糖原和肝糖原等）及其测试方法等。同时，以小组为单位进行认真讨论分析，在老师的指导下，完成实验设计。

（3）实施实验过程及生物化学指标的测定，并对实验结果进行讨论分析，具体分析在不同强度运动时血糖的变化规律，及其与肌糖原和肝糖原之间的关系，以小论文的形式完成实验报告。

示例二　运动生化指标的综合应用

1. 实验目的

（1）能够根据所学的运动生物化学知识和理论，综合应用运动生化指标评定人体机能状态。

（2）了解设计性实验的基本要求和程序，提高学生分析问题、解决问题的能力。

2. 研究背景

运动时机体的物质代谢和能量代谢发生变化，导致血、尿、汗和唾液中某些成分发生改变。测定某些生化指标可了解机体的变化规律，从而对运动人体机能做出定性或定量的分析。为了科学、准确地评定运动人体机能，应采用血乳酸、血尿素、血红蛋白、尿蛋白、尿肌酐、血睾酮等多个生化指标进行综合评定。例如，在评定运动后的身体机能状况时，常采用尿蛋白、血尿素、血红蛋白等评定机能状况。评定训练课的负荷安排时，常采用血红蛋白、血尿素、尿胆原评定负荷量。监测运动训练和比赛的运动强度时，常采用血乳酸、尿蛋白、CK等指标。评定训练后的恢复状况时，常采用血乳酸、血尿素、尿蛋白等指标进行评定。

3. 研究方案

（1）选题。教师给出选题指南，每小组从中自行选一个题目，也可自拟题目，选用3个或3个以上的生化指标，设计并解决一个体育锻炼或运动训练中的实际问题。

（2）查阅文献资料。通过查阅资料了解选题所涉及的运动生化理论知识和研究现状，选择3个或3个以上能反映该选题的生化指标。

（3）进行实验设计。根据已学的运动生物化学知识和相关文献资料，每一个学生各自进行实验设计。实验设计的内容主要包括实验目的、实验对象、运动方式、实验器材、实验观察的生化指标及其测试方法等。同时，以小组为单位进行认真讨论分析，在老师的指导下，完成实验设计。

（4）实施实验过程，进行生物化学指标的测定，并对实验结果进行讨论分析（根据人力、物力和课时的实际情况，可只进行实验设计而不进行具体的实验实施）。

（5）以小论文的形式完成实验报告。

4. 注意事项

学生要复习所学的知识，如运动时的能量供应特点、运动人体机能评定等相关理论，在规定的时间内（实验课前 1 周）完成实验过程的设计，经任课教师审核合格后，才能实施实验。

第五部分　运动生物化学拓展性实验

5

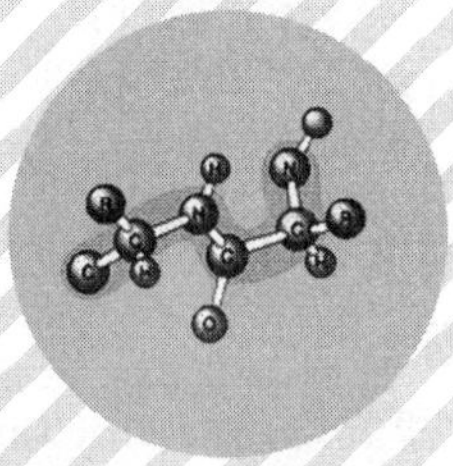

一、骨代谢生化指标测试

骨在整个生命过程中都具有新陈代谢的活性，骨代谢的过程往往能反映破骨细胞与成骨细胞的活动及骨基质，骨矿物质的变化，运动对骨的影响可通过骨质量标志物和骨代谢生化标志物的变化反映出来。

骨密度是反映骨质量的一个重要标志，测量常用各种测试仪器来进行，骨密度测试仪器的校正标准是骨重量与骨体积之比（g/cm^3），最准确的测量方法是直接测量骨湿重、骨干重、骨灰重与骨体积的比值。适宜运动对所有人群的骨密度都有良好影响，骨量增长期人群的适宜运动可提高骨质密度，骨量平衡期人群可维持骨质密度，骨量下降期人群可延缓骨质密度丢失。

血清总碱性磷酸酶（TALP 或 ALP）和骨型碱性磷酸酶（BALP）是最常用来反映骨形成和骨转换的指标。成骨细胞含有丰富的碱性磷酸酶，其在骨钙化区水解磷脂，释放的磷酸根与钙以沉淀的方式沉积在胶原骨架上，发生骨矿化作用。成骨活跃时，成骨细胞分泌大量碱性磷酸酶，一部分参与骨的钙化，一部分释放到血液中，使血中酶活性升高。血清（血浆）ALP 活性可以反映成骨细胞活跃状况。大量实验证实，适宜运动可提高人体骨量增长期的骨密度，生化指标显示血清 ALP 和 BALP 活性明显增加。

反映骨吸收的生化指标主要有血浆抗酒石酸盐酸性磷酸酶（Tartrateresistant acid phosphatase，TRAP）、尿羟脯氨酸（Hydroxproline，HYP）等。TRAP 主要由破骨细胞释放，因此血浆中的 TRAP 水平反映破骨细胞活性和骨吸收的状态。HYP 是人体胶原蛋白的主要成分，占 10%~13%。尿中排出的 HYP 基本上能反映骨吸收和骨转换的程度，但不具特异性，胶原降解时可释放出游离 HYP 和 HYP 的寡肽。适宜运动对骨量增长期的骨吸收生化标志物影响不大，但可明显抑制骨量丢失期的骨吸收过程，骨吸收生化标志物下降。

运动骨代谢学领域的骨代谢生化标志物研究是 20 世纪末期发展起来的研究方向，尚待研究的课题很多，具有广泛的研究空间。

实验一　骨比重与骨密度的化学法测定

1. 实验原理

新鲜的骨标本称重后放入量筒，根据阿基米德定律（Archimedes law）测量骨体积，骨湿重与骨体积之比（g/cm^3）即为骨比重（表观骨矿密度）；骨标本干燥至恒重后称重，骨干重与骨体积之比（g/cm^3）即为骨矿密度；骨标本完全灰化后称重，骨灰份与骨体积之比（g/cm^3）即为骨密度。该方法是最准确测量骨标本密度的实验方法，同时也是各种骨密度测试仪器的校准方法。

2. 主要仪器和试剂

测量仪器：量筒、分析天平、坩埚、恒温箱。

3. 操作方法

（1）新鲜的骨标本制备：剥取新鲜骨标本，去净附着软组织后用浸透生理盐水的纱布包好，-20 ℃保存。

（2）骨体积测量：量筒装适量水，记录刻度为 V_1；用细线绑住新鲜骨标本缓缓放入水中，水面上升刻度为 V_2；骨标本体积 $=V_2-V_1$（单位为 cm^3）。

（3）骨湿重称量：使用分析天平对新鲜骨标本称重（湿重，单位为 g）。

（4）骨干重称量：将骨标本放入坩埚，105 ℃烤干至恒重后，使用分析天平称重，即为干重（g）。

（5）骨灰重称量：将干骨标本放入坩埚，650 ℃灰化 48 h，使用分析天平称重，即为干重（g）。

（6）计算：按照下列公式计算骨比重、骨矿密度和骨灰份密度。

$$\text{骨比重(表观骨矿密度，}g/cm^3\text{)}=\frac{\text{骨湿重}}{\text{骨体积}}$$

$$\text{骨矿密度}(g/cm^3)=\frac{\text{骨干重}}{\text{骨体积}}$$

$$\text{骨灰份密度}(g/cm^3)=\frac{\text{骨灰重}}{\text{骨体积}}$$

4. 质量控制

（1）新鲜骨标本剥取过程中要去净附着软组织，以免影响骨标本重量。

（2）对于体积较大的骨标本，可采用适宜的量杯来进行骨体积测量。

（3）骨标本灰化要完全，坩埚中的骨灰份需清理干净，全部用来进行骨灰重称量。

实验二 血清碱性磷酸酶的测定（金氏比色法）

1. 实验原理

在碱性条件下碱性磷酸酶（ALP）分解磷酸苯二钠，生成酚和磷酸。酚与4-氨基安替吡啉作用，经铁氰化钾氧化生成红色醌的衍生物。红色的深浅与 ALP 活力成正比。

2. 仪器与试剂

（1）测试仪器。分光光度计。

（2）试剂配制。

① 0.1 mol 碳酸盐缓冲液（pH = 10.0）：称取无水碳酸钠 6.36 g，碳酸氢钠 3.36 g，4-氨基安替吡啉 1.5 g 于 800 mL 蒸馏水中，溶后加水至 1 L，棕色瓶贮存。

② 20 mmol/L 磷酸苯二钠溶液：称取磷酸苯二钠（AR）2.18 g，溶于 500 mL 蒸馏水中并迅速煮沸，冷却后加氯仿 2 mL 防腐，冰箱保存。

③ 铁氰化钾溶液：称取铁氰化钾 2.5 g，硼酸 17 g，各溶于蒸馏水 400 mL 中，将二液混合加水至 1 L，置棕色瓶避光保存。如出现蓝绿色即弃去。

④ 酚标准贮存液（1 mg/mL）：购买商品标准液。

⑤ 酚标准应用液（0.05 mg/mL）：取标准贮存液 5 mL，加蒸馏水至 100 mL。

3. 操作方法

（1）标准曲线绘制。取试管 6 支，做好标记，按表 5-1 的加样程序进行操作。

表 5-1　血清碱性磷酸酶标准曲线的绘制

加入物（mL）	B	1	2	3	4	5
酚标准应用液	0	0.2	0.4	0.6	0.8	1.0
蒸馏水	1.1	0.9	0.7	0.5	0.3	0.1
0.1 mol 碳酸盐缓冲液	1.0	1.0	1.0	1.0	1.0	1.0
铁氰化钾溶液	3.0	3.0	3.0	3.0	3.0	3.0
标准液浓度	0	10	20	30	40	50
充分混匀，510 nm 波长，以 B 管调零比色，记录各管吸光度，并以相应的金氏单位绘制标准曲线						

（2）取试管 2 支，做好标记。按表 5-2 的加样程序进行操作。

表 5-2　血清碱性磷酸酶活性的测定

加入物（mL）	对照管	测定管
血清	—	0.1
碳酸盐缓冲液	1.0	1.0
37 ℃恒温水浴 5 min		
20 mmol/L 磷酸苯二钠溶液	1.0	1.0
完全混合后，在 37 ℃恒温水浴中保温 15 min		

续表

加入物（mL）	对照管	测定管
铁氰化钾溶液	3.0	3.0
血清	0.1	—
充分混匀，510 nm 波长，以蒸馏水调零比色，记录各管吸光度，测定管吸光度减去对照管吸光度，查标准曲线		

4. 参考区间

100 mL 血清 37 ℃与底物作用 15 min，产生 1 mg 酚为 1 金氏单位。成人：3~13 金氏单位；儿童：5~28 金氏单位。

5. 质量控制

（1）黄疸和溶血标本中色素对本法有干扰，应单独作对照管，其他血清标本共用 1 份对照管即可。如对照管变红，说明底物液含有酚即磷酸苯二钠已开始分解，应更换基质液。

（2）血清中 ALP 在室温中活力逐渐上升，在冰箱中每天约增加 2%，故抽血后应及早测定。

（3）铁氰化钾溶液要避免阳光照射，如显蓝绿色即不能使用，加入铁氰化钾后必须充分混匀，否则显色不充分。

（4）质控血清的制备和应用：目前国内暂缺质量稳定的商品酶质控血清，本实验仅就文献报道的质控血清制备方法作一简要介绍。

用 ALP 活性较低的人血或牛血制备基础血清，由人胎盘提取补加酶 ALP，用基础血清稀释补加酶，制成酶活力为参考上限 1~3 倍的质控血清。分装、冰冻、干燥并置于有干燥剂的容器内，密封保存于普通冰箱或低温冰箱中，可稳定 12~29 个月。将上述质控血清定值后，每日随标本测定，一旦结果超出允许范围，应及时查找原因，并重新测定。

实验三　血清碱性磷酸酶同工酶的测定（醋酸纤维薄膜电泳法）

1. 实验原理

血清中 ALP 经醋酸纤维薄膜电泳后，各带中的 ALP 催化底物 β-萘酚磷酸钠盐生成 β-萘酚和磷酸，β-萘酚与固紫 B 盐生成不溶于水的偶氮色素呈红色，经光密度计扫描后定量。

2. 仪器与试剂

（1）测试仪器。电泳仪、分光光度计。

（2）试剂配制。

① Tris-巴比妥缓冲液：（pH8.8，离子强度0.075），为电极缓冲液。

② 硼酸缓冲液（pH10.0）：取硼酸（0.2 mol/L）和氯化钾（0.3 mol/L）混合液200 mL，与0.2 mol/L氢氧化钠100 mL混合，配染色液用。

③ 0.1 mol/L氯化镁溶液。

④ 染色液：称取β-萘酚磷酸二钠30 mg，固紫B盐15 mg，用pH10.0硼酸缓冲液7.5 mL溶解。加0.1 mol/L氯化镁0.2 mL，过滤、避光，临用前20 min配制。

⑤ 透明液：无水乙醇72 mL与冰醋酸28 mL混合。

⑥ 漂洗液：100 mL醋酸溶液。

3. 操作方法

（1）将醋酸纤维薄膜（2.5×12 cm）浸入电极缓冲液中20 min，将2.5×12 cm的醋酸纤维薄膜浸入染色液中浸泡。

（2）取出电极缓冲液中醋纤膜，用滤纸吸去多余缓冲液，在无光泽面的中线处点新鲜血清1 μL。

（3）同时做一血清蛋白电泳作对照。

（4）接通电泳仪，电压220 V，电泳30 min。

（5）取出电泳薄膜，从两端各剪去3 cm、点样面朝上置于玻片上，从染色液中取出醋纤膜，无光泽面朝下与电泳膜相对覆盖。放入带盖容器中37 ℃水浴中温育1 h。血清蛋白电泳膜按原法染色。

（6）染色后将两条膜置漂洗液中漂洗10 min，再用蒸馏水冲洗3次，干燥透明，在520 nm波长用光密度计扫描定量。

4. 参考区间

健康成人血清中主要为肝ALP（ALP_2），其次为骨ALP（ALP_3），肠ALP（ALP_5）较少见。ALP_2区带出现在相当于α_2-球蛋白部位，ALP_3和ALP_6在α_2~β之间，ALP_5位于后β-位置上。

健康成人ALP_2占90%以上，含有少量ALP_3、ALP_5（O、B血型的人），无ALP_1、ALP_4、ALP_6，但孕妇可有ALP_4。健康儿童ALP_3达60%以上，其次为ALP_2。

（1）ALP_1：在患有肝外胆道梗阻、继发性肝癌、肝脓肿、肝淤血和胆总管结石等疾病时，ALP_1的检出率很高，并常伴有ALP_2增多。

（2）ALP_2：主要来自于肝，是健康人血清ALP的主要成分。当患有肝内胆汁淤积、急性肝炎、原发性肝癌、肝硬化和胆道疾病时，主要表现为 ALP_2 增多，但多数病例不出现 ALP_1。

根据 ALP_2 增多时是否伴有 ALP_1，可作为肝外梗阻性黄疸和肝内胆汁淤积，以及继发性肝癌和原发性肝癌等鉴别诊断的依据。

（3）ALP_3 主要来自生长旺盛的骨骼，电泳时常难与 ALP_2 分离，畸形性骨炎或骨肉瘤，继发性或骨性骨癌、佝偻病或甲状腺功能亢进等患者体内含量较高。

（4）ALP_4 通常只有孕妇血清中含此胎盘型 ALP，在产后 3~4 天，ALP_4 消失 50%，当 ALP_4 对应的正常已被抑制的基因重新表达时，产生 Regan 同工酶（或称癌胚同工酶）。见于肺、结肠、乳腺、女性生殖系统肿瘤和肝炎、肝硬化患者。Nagao 同工酶（类胎盘 ALP）性质与 ALP_4 相似，见于胰腺癌、胸膜癌及胆道癌患者血清中。

（5）ALP_5 主要来自于小肠，肝硬化时 ALP_5 升高至原来的 40%~60%，阳性率为 44%，慢性肝炎，脂肪肝时也可升高，阳性率为 15%。

（6）ALP_6 酶学和免疫学性质与 ALP_2 相似。溃疡性结肠炎患者 ALP_6 升高时，ALP_2 减少或消失，病情改善后，ALP_6 消失，ALP_2 出现。

5. 质量控制

（1）当肝型或同工酶中任一型活性过高时均可使电泳带重叠，结果不易准确解释。此时将血清适当稀释后电泳即可解决。

（2）因骨型同工酶在 56 ℃、10 min 失活 85%，而肝型同工酶较稳定，所以血清经适当的热处理后电泳更容易区分肝型同工酶和骨型同工酶。

（3）电泳支持物以聚丙烯酰胺凝胶分离效果最好，但扫描困难。以醋酸纤维薄膜为支持物，有时肝型同工酶与骨型同工酶分离不完全，区带不清晰。此时可结合使用热失活法、化学抑制法，以提高检测的灵敏度。

实验四 抗酒石酸盐酸性磷酸酶的测定

1. 实验原理

对硝基苯磷酸二钠在酸性磷酸酶的催化作用下，水解为对硝基酚和硫酸，此反应在加入苛性钠后难被中断，同时对硝基酚在碱性介质中生成黄色阴离子，可用分光光度计进行测定。

2. 仪器与试剂

（1）测试仪器。分光光度计。

（2）试剂配制。

① 缓冲底物溶解液：0.5 mmol/L NaOH（用于冲洗），10 mmol/L 对硝基酚（3 mL）。

② 0.5 mmol/L 标准应用液：取 10 mmol/L 对硝基酚 0.5 mL，加 0.2 mol/L 的 NaOH，定容至 100 mL。

③ 1 mol/L 酒石酸钠。

④ 0.10 mol/L NaOH。

3. 操作方法

（1）标准曲线绘制。取试管 6 支，作好标记，按表 5-3 进行操作。

表 5-3　抗酒石酸盐酸性磷酸酶标准曲线的绘制

加入物（mL）	1	2	3	4	5	6
0.5 mmol/L 标准应用液	1.0	2.0	4.0	6.0	8.0	10.0
0.02 mol/L NaOH	10.0	9.0	7.0	5.0	3.0	1.0
10 mmol/L 对硝基酚	0.05	0.10	0.20	0.30	0.40	0.50
标准液浓度（B-L）	0.28	0.56	1.12	1.65	2.23	2.80

以 B-L 单位为纵坐标，以 *OD* 值为横坐标，在坐标纸上绘制抗酒石酸盐酸性磷酸酶的标准曲线。

（2）取试管 2 支，做好标记，按表 5-4 进行操作。

表 5-4　抗酒石酸盐碱性磷酸酶的测定

加入物（mL）	对照管	测定管
缓冲底物溶解液	0.5	0.5
37 ℃恒温水浴 5 min 后		
1 mol/L 酒石酸钠	—	50 μL
血清（没有胆红素）	—	0.1
完全混合后在 37 ℃恒温水浴中保温 5 min		
0.10 mol/L NaOH	2.5	2.5
血清	0.1	—
充分混匀，410 nm 波长，以蒸馏水调零比色，记录各管吸光度，测定管吸光度减去对照管吸光度，查标准曲线		

（3）计算。按照下列公式求出抗酒石酸盐碱性磷酸酶的活性。

$$国际单位\ (U/L) = Bessey\text{-}Lourry \times 16.7$$

4. 参考区间

正常值范围：0～0.67 B-L 单位(0～11 U/L)。

5. 性能特征

测定范围：0.28~2.8B-L 单位范围内呈线性

精密度：n=20，X=27.4，SD=1.5，CV=5.5%

精确度：回收率为 98.9%

干扰物质：草酸盐、氟化钠不能为抗凝剂，它们对酶活性有影响。

【酸化液配方（pH5.0）：2 mol/L 冰醋酸（相对分子质量 60.05，相对密度 1.049 g/mL，取 5.72 mL 冰醋酸加水至 100 mL），取 50 mL；0.2 mol/L NaOH，取 34.5 mL；加蒸馏水至 200 mL，调整 pH 至 5.0。】

实验五　软骨与尿羟脯氨酸的测定

1. 实验原理

样品用盐酸水解成游离的羟脯氨酸（HYP），游离的 HYP 被氧化成吡咯，再与对二甲氨基苯甲醛生成一种红色化合物。在 560 nm 波长有最大吸收，可比色测定。

2. 仪器与试剂

（1）测试仪器。分光光度计。

（2）试剂配制。

① HYP 标准液（贮存液）：称 HYP 标准 100 mg，用 0.01 mol/L 盐酸溶解并稀释至 100 mL，置于棕色瓶中，冰箱保存。

② HYP 标准应用液：取 HYP 贮存液 1 mL，用蒸馏水稀释至 100 mL，冰箱保存2~3 周。此液浓度 10 μg/mL。

③ 柠檬酸缓冲液：取柠檬酸 50 g，无水醋酸钠（CH_3COONa）120 g，氢氧化钠 34 g，用蒸馏水（约 800 mL）溶解，加冰醋酸 12 mL，pH 调至 6.0，用蒸馏水稀释至 1 000 mL。

④ 0.05 mol/L 氯胺-T 溶液：称氯胺-T1.41 g，用少量甲醇溶解至 100 mL。

⑤ 3.15 mol/L 过氯酸溶液：取 70% 过氯酸 27 mL，用蒸馏水稀释至 100 mL。

⑥ 10%对二甲氨基苯甲醛溶液：称取对二甲氨基苯甲醛（P-DMAB）10 g，用甲醇溶解至 100 mL。

3. 操作方法

（1）取血或尿样品 0.5 mL 或新鲜软骨（湿）20 mg，置于 10 mL 螺口瓶中，加入 6 mol/L 盐酸 1.5 mL，血或尿样品在 124 ℃~126 ℃的烤箱中水解 2 h，软骨组织在 100 ℃的烘箱中水解 7 h 后，加入 10 mol/L NaOH 0.9 mL，然后用

1 mol/L 盐酸或 1 mol/L NaOH 调 pH 至 5~7，用蒸馏水稀释至 5 mL，过滤。

（2）取试管 3 支，做好标记，按表 5-5 进行操作。

表 5-5　羟脯氨酸的测定

加入物（mL）	空白管	标准管	测定管
血或尿水解滤液	—	—	1.0
HYP 标准应用液	—	0.5	—
双蒸水	1.0	0.5	—
柠檬酸缓冲液	0.5	0.5	0.5
0.05 mol/L 氯胺-T 溶液	1.0	1.0	1.0
完全混匀，充分氧化 6 min			
3.15 mol/L 过氯酸溶液	1.0	1.0	1.0
完全混匀，终止氧化 5 min			
10%P-DMAB 溶液	1.0	1.0	1.0
混匀后，在 100 ℃恒温水浴中保温 10 min，冷水冷却，以空白管调零，在 562 nm 波长比色，记录各管吸光度			

（3）按下列公式计算羟脯氨酸的含量：

$$\text{软骨羟脯氨酸(mg)}=\frac{\text{测定管吸光度}}{\text{标准管吸光度}}\times 5\times \frac{5}{0.1}\div 20$$

$$\text{尿羟脯氨酸(mg/24 h)}=\frac{\text{测定管吸光度}}{\text{标准管吸光度}}\times 50\times 24\text{ h 尿量（L）}$$

4. 参考区间

尿游离 HYP：0.2~1.8 mg/24 h

HYP 总量：25~77 mg/24 h

不同年龄阶段羟脯氨酸含量见表 5-6。

表 5-6　不同年龄阶段羟脯氨酸含量

	1 岁	11 岁	青春期	成人
尿游离 HYP（mg/24 h）			14.5±4.3	3.6±0.6
HYP 总量（mg/24 h）	72.6±29.5	12.2±6.7	37.1±0.1	3.5±0.7
血清 HYP 总量（mg/dL）	1.4	1.07~1.77		

二、肌损伤生化指标测试

长期运动训练尤其是大强度运动，往往导致肌损伤，而运动时肌肉负荷过程及恢复期的生化变化，常反映在血清酶活性的改变上。因此，测定血清酶活性是评定身体机能的重要手段。肌酸激酶（creatine kinase，CK）是骨骼肌细胞中能量代谢的关键酶之一，在短时间、最大强度的运动中是非常重要的，直接影响运动员最大供能情况下的运动能力。正常情况下，肌细胞膜结构完整、功能正常，CK 极少透出细胞膜。短时间运动对血清肌酸激酶（serum creatine kinase）活性影响不大，但长时间运动可使肌酸激酶活性增加，并随运动时间的延长，血清肌酸激酶活性出现显著增加。一般认为，运动后 CK 活性立即升高，8~16 h 出现峰值，48 h 或 72 h 后恢复到正常水平。剧烈运动后 CK 会显著升高。CK 的影响因素有运动强度、运动时间长短、训练水平、运动方式和性别。

CK 同工酶由 M、B 两个亚基组成，因此可形成 MM、MB 和 BB 三种同工酶，这些同工酶的亚基在体内外可互相转化，其方式为：CK-MM+CK-BB = CK-MB+CK-MM+CK-BB。由于它们碱性氨基酸的含量不同（CK-MM>CK-MB>CK-BB），因此，在一定条件下，CK-BB 电泳迁移率最大，它随白蛋白移动；CK-MB 次之，位于 α_2球蛋白区；CK-MM 最小。它们的半衰期依次为 3 h、12 h 和 15 h 左右。在 pH8.0 条件下电泳时，CK-BB、CK-MB 和 CK-MM 电泳迁移率大致分别与血清清蛋白、α_2球蛋白，以及 γ-球蛋白相同。CK 同工酶是一种器官特异性酶，正常人骨骼肌中几乎全部为 CK-MM，少量存在于其他器官（如心肌、胎盘），故称肌型同工酶；CK-MB 主要存在于心肌细胞内，骨骼肌内含量<5%，故称心型同工酶；CK-BB 在脑和脊髓内含量最高，且均匀分布，故称脑型同工酶。另有存在心、脑、肝的线粒体中，由 2 个亚基组成的双聚体，称为线粒体 CK 同工酶。运动时骨骼肌通透性增加或肌膜受损，可使血清中 CK-MM 浓度升高；当运动员发生心电图异常时，结合 CK-MB 指标变化，用以判断心肌受损情况，尤其是因大运动量导致的变化，以 CK-MB 浓度升高大于 5U/L 或 CK-MB 大于等于 CK 总活性的 3%作为阳性，此时需控制运动量。

乳酸脱氢酶（LDH）同工酶由 5 种亚基组成，分别为 LDH_1、LDH_2、LDH_3、LDH_4、LDH_5。LDH_1全由 H 亚基组成，为心型乳酸脱氢酶，LDH_5全由 M 亚基组成，为肌型乳酸脱氢酶。人体在大强度、长时间运动后，血清乳酸脱氢酶明显增加，根据不同乳酸脱氢酶同工酶的变化，来判断骨骼肌或心肌损伤情况，用以运动负荷的科学监控。

因此，血清上述指标的变化和综合分析，可作为评定肌肉承受刺激、肌肉微细损伤及其适应与恢复的科学监控方法。

实验一　血清肌酸激酶活性的测定

（一）化学法

1. 实验原理

血清在 37 ℃、pH7.4 环境下磷酸肌酸（CP）、二磷酸腺苷（ADP）一起保温，CP、ADP 在血清中的肌酸激酶（CK）催化下，生成肌酸和三磷酸腺苷（ATP），此反应以镁离子作激动剂，巯基乙醇作为保护剂防止酶自发性衰变。保温结束后，以氢氧化钡和硫酸锌沉淀蛋白质，终止反应。然后上清液中的肌酸可与 α-萘酚和双乙酰结合，生成红色化合物。在一定范围内，红色的深浅与肌酸的含量成正比，与同样处理的标准品比色，可算出 CK 的活性。

2. 仪器与试剂

（1）测试仪器。分光光度计。

（2）试剂配制。

① 基质缓冲液：临用前称取 ADP 钠盐 1.05 mg，水 0.4 mL，溶解后，加入 CP 钠盐 7.3 mg 溶解，并加 0.1 mol/L 醋酸镁 0.1 mL，0.1 mol/L 巯基乙醇 0.1 mL，最后加水至 1 mL，用 0.1 mol/L Tris 溶液 0.01 mL 校正 pH 至 7.4。

② 0.1 mol/L 醋酸镁溶液：醋酸镁 2.14 g，加水至 100 mL。

③ 0.1 mol/L 巯基乙醇溶液：巯基乙醇 1.36 mL，加水至 100 mL。

④ 1 mol/L Tris 溶液：取三羟甲基氨基甲烷 12.11 g，加水溶解至 100 mL。

⑤ 肌酸标准液（1.7 mmol/L）：准确称取无水肌酸 22.3 mg，加水至 100 mL，冰箱保存。

⑥ 0.06 mol/L 氢氧化钡：称取氢氧化钡 [$Ba(OH)_2 \cdot H_2O$] 0.92 g，加水至 100 mL。

⑦ 1%硫酸锌：称取硫酸锌（$ZnSO_4 \cdot 7H_2O$）1 g，加水至 100 mL。

⑧ 碱储备液：氢氧化钠 30 g，无水碳酸钠 64 g，加水至 500 mL。

⑨ 4%α-萘酚：临用前称 α-萘酚 0.5 g，加碱储备液 12.5 mL。

⑩ 1∶20 稀释双乙酰：取双乙酰 1 mL，加蒸馏水至 100 mL，棕色瓶中保存，临用前用水稀释 20 倍。

3. 操作方法

（1）取试管 3 支，做好标记，按表 5-7 进行操作。

表 5-7　血清 CK 活性的测定

加入物（mL）	空白管	标准管	测定管
血清	—	—	0.02
肌酸标准液	—	0.02	—
双蒸水	0.02	—	—
预温基质缓冲液（37 ℃）	0.1	0.1	0.1
充分混匀，37 ℃水浴 30 min			
0.06 mol/L 氢氧化钡	0.5	0.5	0.5
充分混匀，2 000 r/min 离心沉淀 3 min 后，另取 3 支小试管，同样编号			
上清液	0.8	0.8	0.8
4%α-萘酚	1.0	1.0	1.0
1∶20 稀释双乙酰	0.5	0.5	0.5
混匀后，在 37 ℃水浴 15 min			

（2）室温中放置 20 min，空白调零，在 520 nm 波长比色，记录各管吸光度。

（3）计算：按照下列公式计算血清 CK 活性

$$CK(U/L)=\frac{测定管吸光度}{标准管吸光度}\times 56.66$$

4. 参考区间

血清 CK 的正常值为 100 U/L。运动后，血清 CK 的活性可显著升高。测定血清 CK 能较好地反映运动量的大小和运动后的恢复过程。

5. 附注

（1）国际单位的换算：将 0.1 mL 血清放置在 37 ℃水浴中 30 min 所释放出的肌酸微克分子数乘以 10 000/30，即得国际单位/升血清。

（2）红细胞中 CK 活性很低，溶血对结果不产生干扰。

（3）血清 CK 对蓝光敏感，血清标本若不能及时测定，应置低温冰箱暗处保存。-25 ℃可稳定 2 个月。

（二）酶联试剂盒法

1. 实验原理

肌酸激酶（CK）可使磷酸肌酸（CP）和 ADP 转变成肌酸（C）和 ATP，ATP 提供高能磷酸键，在己糖激酶（HK）耦联下，促使葡萄糖转变成葡萄糖-6-磷酸，后者再以葡萄糖-6-磷酸脱氢酶（G-6-PD）为指示酶，与 $NADP^+$反应生成 NADPH。如除 CK 外，基质、葡萄糖、$NADP^+$及两个工具酶的浓度均足够而适当，则 NADPH 生成的速度与 CK 的活力成正比，可在 340 nm 波长测定 NADPH 生成速率而计算 CK 的活力。

2. 仪器与试剂

（1）测试仪器。可采用全自动生化分析仪或半自动生化分析仪，视仪器型号不同，分别按照不同的测试要求设定仪器的相关参数。以下是供参考的一些常用参数（表 5-8）。

表 5-8　生化分析仪的参数设置

参数	条件
温度	25 ℃，30 ℃，37 ℃
波长	340 nm
比色杯光径	1 cm
延迟时间	2 min（最低 1 min）
反应时间	2 min（最低 1 min）

（2）样品及试剂用量：如表 5-9 所示。

表 5-9　样品和试剂使用量

加入物（mL）	25 ℃或 30 ℃	37 ℃
工作液	2.50	2.50
样品	0.10	0.05

（3）测试样本的采集。测试样本要求为新鲜无溶血血清，肝素抗凝血浆或 EDTA 血浆，可选取静脉血、耳垂血或指端末梢血；采集全血后离心出血清（最好不少于 10 μL）。

（4）测试试剂盒的试剂成分与浓度。测试试剂盒内试剂 Ⅰ 为白色固体粉末，试剂 Ⅱ 为无色透明液体，具体化学成分见表 5-10。

表 5-10　测试试剂盒的试剂成分和浓度

试剂	成分	浓度
	己糖激酶（HK）	≥3 U/mL
	葡萄糖-6-磷酸脱氢酶（G-6-PDH）	≥2 U/mL

续表

试剂	成分	浓度
试剂Ⅰ	ADP	2.0 mmol/L
	AMP	5.0 mmol/L
	二腺苷磷酸（Ap5A）	10.0 mmol/L
	NADP	2.0 mmol/L
	N-乙酰半胱氨酸（NAC）	20.0 mmol/L
	磷酸肌酸（CP）	30.0 mmol/L
	咪唑缓冲液（pH6.7，25 ℃）	0.1 mmol/L
试剂Ⅱ	葡萄糖	20.0 mmol/L
	醋酸镁	10.0 mmol/L
	EDTA	2.0 mmol/L

3. 操作步骤

以半自动生化分析仪的测试方法举例说明。

（1）取一定量试剂Ⅰ复溶试剂Ⅱ，溶解后即为工作液。工作液预先混合均匀，保温至测试温度。

（2）按照 1∶50 的比例吸取一定量的被测样品血清，放入工作液中，混合均匀，如血清吸取 10 μL，则加入 500 μL 工作液中进行反应，混合均匀，在 25 ℃温育 35 min，或在 30 ℃温育 25 min，或在 37 ℃温育 1 min 后，读取初始吸光度 A_0，然后分别在 1 min、2 min、3 min 时分别读取吸光度，精确每分钟平均吸光度，确定每分钟吸光度变化 ΔA/min。

（3）计算

$$CK(U/L)=\frac{\Delta A/\min}{消光系数}\times\frac{V_t}{V_s}\times 1\ 000$$

$$F=\frac{V_t}{V_s\times 消光系数}\times 1\ 000=4\ 127\ (25\ ℃或\ 30\ ℃)\ [或=8\ 095(37\ ℃)]$$

V_t：反应总体积；V_s：样品总量；

NADH、NADPH 在 340 nm 的消光系数为 6.3。

4. 参考区间

在不同温度条件下 CK 活性的参考区间见表 5-11 所示。

表 5-11　不同温度条件下 CK 活性的参考区间

	25 ℃	30 ℃	37 ℃
男性（U/L）	10~80	15~130	24~195
女性（U/L）	10~70	15~110	24~170

运动员与普通人群存在很大差异，且个体差异也很大，可根据不同的运动项目和不同的个体分别进行监控。男运动员的参考范围一般为 10~300 U/L，女运动员的参考值范围一般在 10~200 U/L。

5. 附注

（1）如果血清中 CK 水平异常升高（ΔA/min>0.25），则用生理盐水稀释血清后重测，结果乘以稀释倍数。

（2）血清中 CK 不稳定，样品收集后要尽快分析，在室温 4 ℃，8~12 h 后，CK 活性即要下降。

（3）试剂Ⅱ中含有迭氮钠，切勿吞咽，避免与皮肤或黏膜接触。

（三）干式生化分析法

1. 实验原理

$$\text{CP}+\text{ADP}\xrightarrow{\text{CK}}\text{ATP}+\text{C}$$

$$\text{甘油}+\text{ATP}\xrightarrow{\text{CK}}\text{3-磷酸-甘油}$$

$$\text{3-磷酸-甘油}\xrightarrow{\text{GPO}}\text{磷酸二羟丙酮}+H_2O_2$$

$$H_2O_2+\text{指示剂(红色)}\xrightarrow{\text{PDO}}\text{指示剂(OX)}+H_2O$$

2. 仪器与试剂

（1）测试仪器。德国产“Reflotron”干式生化分析仪。

（2）测试试剂的成分。采用为该仪器配置的干式生化分析试剂条。每一试剂条的试剂成分主要包括：① 磷酸肌酶 11 μg、② 甘油激酶≥1.0 U、③ 甘油 4.4 μg、④ 磷酸甘油酮氧化酶≥0.09 U、⑤ POD≥1.7 U、⑥ 抗坏血酸盐氧化酶≥0.41 U、⑦ ADP4.0 μg、⑧ 指示剂 9.4 μg、⑨ N-乙酰半胱氨酸 11.3 μg、⑩ EGTA16 μg 以及缓冲剂。

3. 操作方法

（1）测试样本采集。有两种样本采集方法，一般情况下采用第一种方法。

① 新鲜毛细血管（耳垂末梢血或指尖末端血）或静脉血，在 2~3 min 内使用。这是一般情况下采用的采血方法。

② 血浆：只能用肝素作抗凝剂，不能用其他抗凝剂或添加剂。在密闭试

管内可贮存 8 h，等血细胞自然沉降，析出血浆后可以使用。

（2）开启仪器，使用 Check+Clearn 标准试剂条校正仪器，确定仪器在正常状态下。

（3）取出 CK 试剂条，撕去覆盖在试剂条上测试区的箔纸备用。

（4）吸取 32 μL 的样本血清，并将血样滴在 CK 试剂条测试区上，尽快放入仪器样本测试室内进行测试，即得测试结果。

4. 参考区间

正常参考值范围同肌酸激酶耦联试剂盒法。

5. 附注

（1）每筒试剂条都有它的保质期和贮存温度要求，按说明保存。

（2）每次从试剂筒中取出一个试剂条后，应立即把筒盖盖上，以使试剂筒保持干燥。

（3）在撕开保护测试的箔纸时，小心避免试剂条折弯。

（4）当样品进入红色测试区时，避免将吸管头碰到测试区。

实验二　血清肌酸激酶同工酶 CK-MM 与 CK-MB 亚型的测定（琼脂糖凝胶电泳法）

1. 实验原理

骨骼肌中以 CK-MM 为主，CK-MB 主要分布于心肌中。正常血清中绝大部分为 CK-MM 的活性，仅含有少量 CK-MB，不超过 CK 总活性的 5%，CK-BB 含量极微。这几种同工酶的相对分子质量虽然相同，但免疫特性和电泳迁移率各不相同。电泳时，CK-BB 移动最快，CK-MB 居中，CK-MM 较慢。因此，利用琼脂糖凝胶电泳可将其分离，染色后可通过荧光光度计或凝胶成像分析系统进行定量检测。

2. 仪器与试剂

（1）仪器。电泳仪、荧光光度计或凝胶成像分析系统。

（2）试剂。

① 电泳槽缓冲液（30 mmol/L 巴比妥-巴比妥钠缓冲液，pH8. 0）：称取巴比妥 5. 52 g，巴比妥钠 6. 18 g，加蒸馏水 800 mL，加热溶解，冷却后加蒸馏水至 1 000 mL。

② 凝胶缓冲液（咪唑与 2-氨基-2-甲基 1，3-丙二醇混合缓冲液，pH6. 6）：称取咪唑 1. 021 g，2-氨基-2-甲基 1，3-丙二醇 3. 85 g，硼酸 190 mg，巴比妥钠 1. 273 g，乙二胺四乙酸（EDTA）450 mg，加蒸馏水约 800 mL，溶解后用 1 mol/L 盐酸溶液调至 pH6. 6，再加蒸馏水定容至 1 000 mL。

3. 操作方法

（1）琼脂糖凝胶的制备。称取琼脂糖（低电渗）84 mg，加凝胶缓冲液 7 mL，水浴煮沸后均匀地倒在水平放置的 8.5 cm×9.5 cm 玻璃板上。

（2）加样。于凝胶板距阴极侧 0.5 cm 处放 1 条 1.5 cm 宽滤纸条吸去表面水分，置带孔的加样塑料薄膜于该处，每孔加血清 5 μL，放置 5~10 min。可同时测定 6 份标本。

（3）电泳。于电泳槽两侧各放 50 mL 电泳槽缓冲液，以 9 层滤纸搭桥。将循环水预冷至 4 ℃，凝胶板放于电泳槽中间的冷却板上（加样侧在阴极），接好滤纸桥。恒流 40 mA，20 min 结束，起始电压 240 V，终末电压 500 V。

（4）孵育。在凝胶表面均匀铺上 0.5 mL 用蒸馏水溶解后的 CK 基质（美国 Beckman 公司生产），置保湿盒中 45 ℃反应 5 min 后，用蒸馏水冲洗 3 遍以除去多余 CK 基质。

（5）定量检测。

① 荧光光度计扫描测定：凝胶板在 70 ℃风干后，在紫外线灯下观察荧光区带，采用荧光光度计进行扫描，即可得到 CK 同工酶各亚型百分比。

② 孵育结束后也可直接通过凝胶成像分析系统进行定量检测。

4. 正常值参考区间

CK-MB 占总 CK 的比例为 3.3%±0.6%，其中 CK-MB_1亚型和 CK-MB_2亚型占 CK-MB 的 64.9%±3.68%，35.1%±3.68%，MB_2/MB_1比值为 0.53±0.09。

CK-MM 亚型，即 CK-MM_1、CK-MM_2、CK-MM_3占 CK-MM 的比例分别为 63.2%±5.5%、27.3%±4.57%、9.5%±3.2%，MM_2/MM_1 比值为 0.15±0.06。

实验三　血清乳酸脱氢酶同工酶的测定（琼脂糖凝胶电泳法）

1. 实验原理

在碱性缓冲液中，酶蛋白带负电荷，电泳时向阳极移动。移动的速度根据该酶的各种同工酶所含 H 型和 M 型亚基数目比例的不同而异，凡含 H 亚基数目愈多者，电泳速度愈快，含 M 亚基数目愈多者，电泳速度愈慢。在乳酸脱氢酶（LDH）同工酶中，LDH_1全由 H 亚基组成，故移向阳极最快，LDH_5全由 M 亚基组成，移向阳极速度最慢，LDH 同工酶移向阳极的速度依次为：$LDH_1>LDH_2>LDH_3>LDH_4>LDH_5$。

本实验用琼脂糖凝胶作为支持物，通过电泳、分离血清或组织匀浆样品中的 LDH 同工酶。电泳后，在琼脂糖凝胶板上进行酶反应，即将底物乳酸、NAD^+与中间递氢体（人工递氢体）——吩嗪甲脂硫酸盐（PMS）及最终受氢体——氯化硝基氮四唑或碘化硝基氮四唑一同保温，在酶区带处显色。

2. 仪器与试剂

（1）测试仪器。电泳仪、光密度计。

（2）试剂配制。

① pH8.6、离子强度为0.06的巴比妥缓冲液：称取巴比妥0.83 g，巴比妥钠6.38 g，加蒸馏水溶解至500 mL。

② 1 mol/L乳酸钠：70%~80%乳酸钠7.4 mL，加蒸馏水至50 mL。

③ 巴比妥—盐酸缓冲液（琼脂糖胶缓冲液，pH8.4，0.05 mol/L）：巴比妥钠10.3 g，加盐酸10 mL，加蒸馏水至500 mL，调pH至8.4，最后加蒸馏水至1 000 mL。

④ 10 mmol/L EDTA - Na_2溶液：称取EDTA - Na_2 0.4 g，加蒸馏水至100 mL。

⑤ 0.9%琼脂糖胶：称取琼脂糖0.9 g，加琼脂糖胶缓冲液50 mL，10 mmol/L的EDTA-Na_2 1 mL，加蒸馏水49 mL，于水浴中加热溶化，至无气泡为止。

⑥ 0.5%琼脂糖胶：称取琼脂糖0.5 g，其余同⑤。

⑦ 显色液：称取氯化硝基氮四唑20 mg，加水8 mL，加热使其完全溶解，然后再加入NAD^+ 50 mg，PMS 5 mg，加水至10 mL。避光、冰箱保存。

⑧ 洗脱液：2%醋酸溶液。

3. 操作方法

（1）点样。

① 先将2.5×7.5 cm玻片洗净、干燥，置于水平台上，浇上已溶化好的0.9%琼脂糖胶1.2 mL，制成琼脂糖胶板。

② 在胶板1/3处开一小槽。

③ 于槽中加血清8~10 μL，若是组织匀浆，加5 μL即可。

（2）电泳。

① 将加好样品的琼脂糖胶板置于电泳架上，点样端置于阴极，两端以浸透缓冲液的两层纱布覆盖，纱布一端浸于缓冲液槽中。

② 检查电极后，通电、调压，电压100 V，电流2.5 mA/块。

③ 电泳时间随室温情况而有所不同，一般持续30 min左右（20 ℃以下为宜）。

（3）显色。

① 电泳完毕前5 min配制显色胶：吸取保存在45~56 ℃中已溶化好的0.5%琼脂糖凝胶4 mL（4块板）于一干净试管中，加显色液0.8 mL及1 mol/L

乳酸钠 0.2 mL，混匀，置于 45 ℃水浴中备用。

② 电泳完毕后，立即断电，除去两端纱布，快速滴加显色胶于电泳胶板上（1.2 mL/块），并置于 37 ℃水浴箱，避光保温 30 min，即可出现深浅不一的蓝紫色酶染色区带。

③ 显色后立即置于 2%醋酸固定并漂洗至无底色为止，然后加盖滤纸于 56 ℃烤箱中或室温中自然干燥。

（4）定量。

用光密度计扫描，计算出各区带的百分比。

4. 参考区间

血清 LDH 同工酶正常值见表 5-12 所示。

表 5-12　血清 LDH 同工酶的正常值

LDH_1	LDH_2	LDH_3	LDH_4	LDH_5
33.4%	42.8%	18.5%	3.9%	1.4%

三、肝肾功能生化指标的测试

大强度、大运动量训练后，往往导致肝、肾功能出现相应的变化，通过肝、肾功能生化指标的测试，可用来评定运动训练状况和身体机能状态。

丙氨酸转氨酶（ALT）以往惯称为谷丙转氨酶（GPT），在正常动物的血清中含量甚低。当肝发生急性感染或受到药物损害时，肝细胞内含有的 ALT 大量释放入血液，血清 ALT 活性升高。因此，测定血清 ALT 活性对于了解肝功能有一定参考意义。运动员疲劳或大运动量训练后可能出现暂时性的血清 ALT 活性升高的现象，宜进行系统性的观察。

尿蛋白是评定运动员身体机能状态、运动负荷强度和训练量的重要指标。以往尿蛋白质测定多用试纸条和磺酸比色法，但只能半定量地检测尿中蛋白质，其结果很难准确地反映运动员的身体机能状况。本节介绍一种用考马斯亮蓝法来测定运动员清晨安静状态下尿液微量蛋白的检测方法，以便在实践中更准确地反映运动员运动性蛋白尿的发生和消除情况。

肌酐（creatinine）是肌酸代谢的最终产物，由肾排出。体内 98%的肌酸存在于肌肉中，与磷酸结合成磷酸肌酸，血清中肌酐来源于肌肉中的肌酸和磷酸肌酸，而肌酸的量取决于人体肌肉的重量，故女性大多低于男性。在正常情况下人体形成的肌酐量较恒定，经肾小球滤过后，不被肾小管回收，故有较高的清除值。尿肌酐可以代表肾小球滤过率，由于肌酐清除较尿素快，故血液肌酐含量增高多在尿素增高之后。同时测定血尿素（实验方法见基础实验部分）

和肌酐有独特的临床意义，肾轻度受损时，血清尿素增高比肌酐显著，而重度受损则相反，会出现血肌酐的增高。由于肾的储备和代偿能力很强，故早期或轻度肾小球滤过功能受损时，血肌酐正常。只有当肾小球滤过功能降至正常人1/3时，血肌酐才明显增高，故不能反映早期肾功能受损。若与血尿素同时应用进行评定更有意义，二者同时升高，说明肾功能严重受损，如仅血尿素升高，而血肌酐正常，则可能为肾外因素引起，如运动量过大、消化道出血或尿路梗阻等。血肌酐减少，主要见于进行性肌肉萎缩、贫血等。

实验一　血清丙氨酸转氨酶活性的测定(卡门氏法)

1. 实验原理

丙氨酸转氨酶（ALT）催化谷氨酸与丙酮酸之间的氨基转移，为可逆反应。

如以丙氨酸与α-酮戊二酸为基质，经ALT催化后生成丙酮酸与谷氨酸。丙酮酸可与2，4-二硝基苯肼反应，形成丙酮酸二硝基苯肼，后者在强碱溶液中显红棕色，可进行比色测定。

2. 仪器与试剂

（1）测试仪器。分光光度计。

（2）试剂配制。

① 0.1 mol/L磷酸盐缓冲液（pH7.4）：称取无水磷酸二氢钾（KH_2PO_4）2.18 g和磷酸氢二钾（$K_2HPO_4 \cdot 2H_2O$）14.78 g，加蒸馏水溶解后移至1 000 mL容量瓶中，校正pH至7.4，渐加蒸馏水至刻度。

② 丙氨酸转氨酶底物缓冲液（DL-丙氨酸200 mmol/L，α-酮戊二酸2 mmol/L）：精确称取1.79 g DL-丙氨酸和29.2 mg α-酮戊二酸，先溶于约50 mL 0.1 mmol/L磷酸缓冲液中，用1 mol/L氢氧化钠溶液（约0.5 mL）调pH至7.4，再加缓冲液至100 mL，置冰箱保存，可稳定2周。

③ 1 mol/L 2，4-二硝基苯肼溶液：称取19.8 mg 2，4-二硝基苯肼，溶解于100 mL 1 mmol/L盐酸中，置室温保存。

④ 0.4 mol/L氢氧化钠溶液：将16.0 g氢氧化钠溶解于水中，并加蒸馏水至1 000 mL，置带塞塑料试剂瓶内，室温可长期稳定。

⑤ 2 mmol/L丙酮酸标准液：准确称取22.0 mg丙酮酸钠（AR），置于100 mL容量瓶中，加0.055 mol/L硫酸至刻度。

3. 操作方法

（1）标准曲线绘制：取试管5支，做好标记，按表5-13进行操作。

表 5-13　血清丙氨酸转氨酶活性标准曲线的绘制

加入物（mL）	0	1	2	3	4
0.1 mol/L 磷酸盐缓冲液	0.1	0.1	0.1	0.1	0.1
2 mmol/L 丙酮酸标准液	0.05	0	0.10	0.15	0.20
底物缓冲液	0.45	0.50	0.40	0.35	0.30
1 mol/L 2，4-二硝基苯肼溶液	0.5	0.5	0.5	0.5	0.5
充分混匀，37 ℃保温 20 min					
0.4 mol/L 氢氧化钠溶液	5.0	5.0	5.0	5.0	5.0
标准液浓度	28	0	57	97	150
充分混匀后，以蒸馏水调零，505 nm 波长比色，记录各管吸光度，各管吸光度减去 0 管吸光度，所得差值与卡氏单位绘制标准曲线					

（2）先将底物在 37 ℃水浴中预温 5 min，取试管 6 支，做好标记，按表 5-14 进行操作。

表 5-14　血清丙氨酸转氨酶活性的测定

加入物（mL）	对照管	测定管
血清	0.1	0.1
底物溶液	—	0.5
充分混匀，37 ℃水浴 30 min		
1 mol/L 2，4-二硝基苯肼溶液	0.5	0.5
底物溶液	0.5	—
充分混匀，37 ℃水浴 20 min		
0.4 mol/L 氢氧化钠溶液	5.0	5.0
充分混匀后，以蒸馏水调零，505 nm 波长比色，记录各管吸光度，测定管吸收度减去对照管吸收度后，从标准曲线查得 ALT 活力单位		

4. 单位定义

卡门氏单位的定义是 1 mL 血清在卡门氏测定法规定的条件下，在温度 32 ℃时，每分钟能使反应液在 340 nm 波长下吸收度降低 0.001 为一个卡门氏单位。

5. 参考区间

人的 ALT 正常值为 5~25 卡氏单位。

6. 附注

（1）血清不宜溶血。最好在采血当日进行测定，若不能在当日测定，操作者可将血清贮于冰箱 1~2 天。

（2）如吸收度已超过标准曲线上的最高值，表示酶活力过高，需将血清稀释 10 倍后，重新测定。

（3）测度结果与作用时间、温度及底物液的 pH 密切相关，操作时应严格掌握。

实验二 尿中微量蛋白浓度的测定（考马斯亮蓝法）

1. 实验原理

考马斯亮蓝是一种染料，在酸性溶液中呈棕色，吸收峰在 465 nm。当染料的阴离子与蛋白质分子的 NH^+ 基团反应后，最大吸收峰迅速移至 600 nm，同时溶液转为蓝色。一定范围内颜色深浅与蛋白质浓度呈线性关系。

2. 仪器与试剂

（1）测试仪器。分光光度计。

（2）试剂配制。

① 考马斯亮蓝试剂：称取考马斯亮蓝（Coomassie Brillant Blue G-250，fluka 进口分装）100 mg 溶于 95%乙醇（AR）50 mL，加入蒸馏水约 800 mL，加 85%磷酸 100 mL，最后补足蒸馏水至 1 000 mL，充分混匀后，避光、室温保存。使用前用滤纸过滤一遍，去除试剂中的杂质。室温可保存约 4 个月。

② 10 mg/dL 蛋白标准液：取蛋白标准液，按照所标浓度，用含有 50 mg/dL 迭氮钠的生理盐水稀释，室温长期存放。

3. 操作方法

（1）取试管 3 支，做好标记，按表 5-15 操作：

表 5-15 尿中微量蛋白浓度的测定

加入物（μL）	对照管	标准管	测定管
尿液	—	—	50
10 mg/dL 蛋白标准液	—	50	—
蒸馏水	50	—	—
考马斯亮蓝试剂（mL）	3.5	3.5	3.5
充分混匀，放置 5 min 后，以对照管调零，600 nm 波长比色，记录各管吸光度			

由于在 60 mg/dL 以内蛋白浓度与吸光度呈线性关系良好，超过 60 mg/dL 至 100 mg/dL 时直线略有下降。建议当尿蛋白含量超过了 60 mg/dL 时（尿蛋白定性在++以上），将尿液稀释再测定。

（2）计算：

$$尿蛋白浓度(mg/dL)=\frac{测定管吸光度}{标准管吸光度}\times 10$$

$$尿蛋白排出总量(mg/24\ h)=尿蛋白浓度(mg/dL)\times 尿总量(dL/24\ h)$$

4. 参考区间

尿蛋白排出总量：10～150 mg/24 h。运动员夜间安静尿蛋白测定参考值见表 5-16 所示。

表 5-16　运动员夜间安静尿蛋白浓度测定参考值

对象	样本量（N）	一夜尿蛋白排出总量/mg/24 h
非运动员	25	11. 4±4. 2
手球运动员	50	17. 4±12. 6
短跑运动员	12	19. 8±8. 2
场地自行车	16	28. 0±14. 4
身体机能下降者	5	60. 7±27. 8

5. 附注

（1）待测标本需离心或静置一段时间，待尿中有形成分沉淀后再检测。除高浓度胆红素和大量盐类外，尿中其他物质（如电解质、相对分子质量在 3 000以下的多肽、自由氨基酸、尿素及多种药物）均不干扰显色。

（2）反应中的染料容易吸附在比色杯上，可用乙醇洗掉并仔细清洁所用的玻璃器皿，避免存在的灰尘吸附染料。

（3）蛋白标准液不能存放过久。实验中加入高含量迭氮钠对显色没有影响，迭氮钠同时适合尿液防腐。一份用迭氮钠防腐的尿液半个月内测定结果保持不变。防腐便于样品的短期存放，或外出取样可随带检测，每毫升尿液加入 10 g/dL 迭氮钠 1 滴。

（4）显色稳定时间。取尿标本和不同浓度标准液，加入试剂后，按一定时间读取吸光度。在试剂加入后 5 min，吸光度达到稳定，直到 2 h 内保持不变。当蛋白浓度超过 30 mg/dL 时，反应后第 40 min 吸光度开始轻微下降。日常测定时，在显色剂加入后 60 min 内比色，吸光度数值的改变不超过 4%。

（5）在不同温度下测定的蛋白标准曲线都能得到良好的线性，说明温度对测定没有影响，显色反应可在室温下进行。

（6）原法测定空白管加入的缓冲液和生理盐水对结果不产生影响，因此可省去这一步骤，直接取尿液 50 μL 加试剂 3.5 mL 测定。测定低含量尿蛋白时，为提高灵敏度也可取尿液 100 μL 加试剂 3.5 mL 操作。计算时将结果除以 2。用水作为空白液，600 nm 波长时吸光度在 0.4~0.5 范围内适宜。

实验三　血清肌酐浓度的测定（除蛋白碱性苦味酸法）

1. 实验原理

肌酐与碱性苦味酸反应，生成橙红色复合物，在 510 nm 波长比色测定。

2. 仪器与试剂

（1）测试仪器。分光光度计。

（2）试剂配制。

① 40 mmol/L 苦味酸溶液：称取苦味酸（AR）9.3 g，溶于 500 mL、80 ℃蒸馏水中，冷却至室温，然后用蒸馏水稀释至 1 000 mL，以酚酞作指示剂，用 0.1 mol/L 氢氧化钠溶液滴定结果，用蒸馏水稀释至 0.04 mol/L，贮存于棕色试剂瓶中备用。

② 0.75 mol/L NaOH 溶液：称取 NaOH（AR）30 g，加适量蒸馏水溶解后，冷却至室温，用蒸馏水稀释至 1 000 mL。

③ 35 mmol/L 钨酸溶液：

Ⅰ. 取 100 mL 蒸馏水，加入聚乙烯醇 1 g，加热助溶，冷却。

Ⅱ. 取 111 g 钨酸钠，完全溶解于 300 mL 蒸馏水中。

Ⅲ. 取 300 mL 蒸馏水，沿壁慢慢加入浓硫酸 2.1 mL，冷却。

取 1 000 mL 容量瓶 1 只，Ⅰ液加入Ⅱ液中，再与Ⅲ液混合。加蒸馏水至刻度，置室温保存，至少可稳定 1 年。

④ 10 mmol/L 肌酐标准应用液：精确称取肌酐 113 mg（相对分子质量为 113.12），用适量 0.1 mol/L 盐酸溶解，并移入 100 mL 容量瓶中，再以 0.1 mol/L 盐酸稀释至刻度，置于冰箱内保存，可稳定 1 年。

⑤ 10 μmol/L 肌酐标准应用液：精确吸取 10 mmol/L 肌酐标准应用液 1.0 mL，加入 1 000 mL 容量瓶中，以 0.1 mol/L 盐酸稀释至刻度，置冰箱内保存。

3. 操作方法

（1）取试管 1 支，加入血清（浆）0.5 mL，然后加入 35 mmol/L 钨酸溶液 4.5 mL，充分混匀。3 000 r/min 离心 10 min，取上清液备用。

（2）取试管 3 支，做好标记，按表 5-17 进行操作。

表 5-17　血清肌酐浓度测定

加入物（mL）	对照管	标准管	测定管
无蛋白血滤液	—	—	3.0
10 mmol/L 肌酐标准应用液	—	3.0	—
蒸馏水	3.0	—	—
40 mmol/L 苦味酸溶液	1.0	1.0	1.0
0.75 mol/L 氢氧化钠溶液	1.0	1.0	1.0
充分混匀，放置 15 min 后，以对照管调零，510 nm 波长比色，记录各管吸光度			

（3）计算。按照下列公式计算血清（浆）肌酐的含量

$$\text{血清(浆)肌酐}(\mu mol/L)=\frac{\text{测定管吸光度}}{\text{标准管吸光度}}\times 10$$

4. 参考区间

男：44～133 μmol/L，女：70～106 μmol/L。

5. 质量控制

（1）测定肌酐时，各管温度须降至室温，再进行比色，因为温度升高可使苦味酸溶液颜色加深，但标准与测定并不一致。

（2）为了确保测试结果准确可靠，每次测试均应包括质控血清，所测质控值须落在允许范围之内。

（3）WHO 推荐肌酐苦味酸比色法 OCV 为±0.4%，RCV 为±8%，我国推荐的 RCV 为 8%。

（4）如自制质控血清，要特别注意肝炎病毒的传染，并做好消毒处理工作。

（5）血清（浆）如当天不测，可置于冰箱内保存 3 天，若长时间不测，可于-20 ℃保存。

（6）轻微溶血可使肌酐测定结果偏高，严重溶血可干扰测定结果。

（7）肌酐测定用的无蛋白血滤液，其回收率受 pH 影响，当 pH 在 2 以下时，其回收率可达 100%。

（8）苦味酸有毒，切勿吞服或接触皮肤，如不慎接触，要及时用大量清水冲洗。

（9）苦味酸要用 AR 以上等级的试剂，如苦味酸试剂不纯，可使对照管吸光度升高而影响测定结果。

（10）显色后应在 15 min 内完成比色，如时间过久，苦味酸可与血滤液中

的其他物质发生非特异性反应，影响测定结果的准确性。

（11）苦味酸是一种爆炸品，为防止意外事故发生，最好用塑料瓶盛装，并加少许蒸馏水。

实验四　血尿酸及尿液尿酸浓度的测定

1. 实验原理

在测定液中加入磷酸三钠，排除维生素 C、谷胱甘肽等还原物质的干扰，然后再用磷钨酸去蛋白。滤液中的尿酸在碳酸钠-尿素-三乙醇胺的碱性溶液中，能将磷钨酸盐还原，生成蓝色化合物。

2. 仪器与试剂

（1）测试仪器。分光光度计。

（2）试剂配制。

① 1%磷酸三钠溶液：称取磷酸三钠（$Na_3PO_4 \cdot 12H_2O$）1.0 g，加蒸馏水溶解至 100 mL。

② 磷钨酸试剂：称取磷钨酸（$Na_2WO_4 \cdot 2H_2O$）40 g，加蒸馏水 350 mL 使之溶解，再加浓硫酸（85%）32 mL，回流煮沸 2~4 h，冷却至室温后，加 30%双氧水数滴或溴水 2 滴、硫酸锂 32 g，加蒸馏水至 1 000 mL。

③ 碳酸钠-尿素-三乙醇胺溶液（CUT 液）：称取无水碳酸钠 100 g，尿素 200 g，三乙醇胺 50 g，加蒸馏水溶解稀释至 1 000 mL。

④ 尿酸标准贮存液（1 mL=1 mg）：精确称取纯干燥尿酸 100 mg，加碳酸锂 60 mg，蒸馏水 50 mL，加热至 60 ℃左右，待碳酸锂完全溶解后冷却至室温，加蒸馏水稀释至 100 mL，置棕色瓶中，冰箱保存。

⑤ 尿酸标准应用液（1 mL=0.05 mg）：吸取尿酸标准贮存液 5.0 mL，加蒸馏水至 100 mL。

3. 操作方法

（1）取试管 3 支，做好标记，按表 5-18 进行操作。

表 5-18　尿酸的测定

加入物（mL）	空白管	标准管	测定管
血清或稀释尿液（1∶20）	—	—	0.2
尿酸标准贮存液	—	0.2	—
蒸馏水	0.2	—	—
1%磷酸三钠溶液	0.2	0.2	0.2
充分混匀，放置 5 min 后，加			

续表

加入物（mL）	空白管	标准管	测定管
磷钨酸试剂	1.0	1.0	1.0
充分混匀，血清标本放置 5 min 后，离心 5 min（3 000 r/min），另取 3 支小试管，加			
上清液	—	—	1.0
磷钨酸试剂	—	—	0.4
CUT 液	3.0	3.0	3.0
充分混匀后，在室温中放置 25 min，以空白管调零，680 nm 波长比色，记录各管吸光度			

（2）计算：

$$尿酸(mg/dL)=\frac{测定管吸光度}{标准管吸光度}\times 标准管浓度\times 尿酸稀释倍数$$

$$24\ h\ 尿液尿酸(mg)=尿液尿酸(mg/dL)\times\frac{24\ h\ 尿量(mL)}{100}$$

4. 参考区间

血尿酸：男 2.5~7.0 mg/dL；女 1.5~6.0 mg/dL

24 h 尿液尿酸：250~750 mg

5. 附注

（1）比色时间要严格掌握，要求在 15~30 min 内比色完毕。

（2）制备血清不能用草酸钾作抗凝剂，因草酸钾与磷钨酸会形成不溶性的磷钨酸钾而致浑浊。

四、内分泌指标的测试与应用

运动训练作为对机体的强烈刺激，必将导致身体机能与内环境发生剧烈的应激反应，内分泌系统各内分泌腺体和细胞的激素分泌水平出现相应的变化，进而使各种激素在血液中的浓度也会有相应的改变。目前在运动训练中对体内激素变化最常用和最成熟的指标是血清睾酮（testosterone，T）、血清皮质醇（cortisol，C）、血清睾酮/皮质醇（T/C）、血液或尿液中的儿茶酚胺（catecholamine）等。

睾酮是调节代谢的激素，主要功能是促进体内的合成代谢，提高力量、速度和耐力素质。皮质醇是促进体内分解代谢的激素，当运动后血液皮质醇仍然保持较高水平，就会导致机体分解代谢过于旺盛，不利于消除疲劳；如果长期保持较高浓度而不恢复到正常水平，就可能引起过度训练，抑制机体的免疫机能。在实际工作中，常用血清睾酮、皮质醇含量以及睾酮与皮质醇比值，来评定机体总的合成代谢与分解代谢平衡状况和运动员的身体机能。一般来说，在训练过程中，血清睾酮水平变化不大，且有体能增强伴有血清睾酮增加的趋势，表明运动员身体机能良好，此时机体合成代谢旺盛，可继续大强度训练，以获得更好的训练效果。若血清睾酮水平下降，表明机体出现疲劳、过度训练或机能状态不良。与此同时，运动员安静时血清皮质醇水平在系统训练初期是上升的，经过一段时间后又可以恢复到原有水平。这种先升高后恢复到原有水平，是在训练过程中机体对训练应激成分逐步产生适应的结果。因此，在实际应用中可以测定训练前、训练中期和后期以及赛前运动员安静时血清皮质醇水平来评定运动员对训练负荷的适应情况。如果长期保持较高浓度而不恢复到正常水平，就可能引起过度训练和运动员的免疫功能下降，从而使运动员易发生上呼吸道感染，导致运动能力下降。

在运动实际中，常常用运动员安静时血清睾酮与皮质醇比值（T/C），来监控运动员的基本状况。以阶段性训练前晨起值作为基础值，在阶段性训练中根据需要定期测定晨起值，与基础值进行比较，反映机体总的合成代谢与分解代谢的平衡状况。如果是血清比值出现大幅度降低，有可能是分解代谢大于合成代谢，不利于运动员消除疲劳，需要对运动员加强营养恢复手段，以免发展成过度训练。有学者把血清游离睾酮与皮质醇比值作为机能评定的敏感指标，当血清 T/C 比值变化超过 30%，这可诊断为过度疲劳。有人将该标准运用于耐力运动员的训练监控中，效果较为理想。如果血清 T/C 比值不变或升高，表明机体的分解代谢没有超过合成代谢，运动员机能状况正常。

但是，当运动员的血清睾酮、皮质醇含量同时出现下降时，由于两者下降幅度的不同，血清 T/C 比值也会出现不同的结果。在这种情况下，即使血清 T/C 比值升高，在评价时不仅需要注意运动员的机能状态是否正常，而且需要注意血清睾酮的绝对值是否处于较高水平。如果血清睾酮水平太低，则有可能意味着下丘脑—垂体—性腺轴和下丘脑垂体肾上腺都受到了抑制。这种情况也不利于运动员提高运动能力，必须要慎重对待。

由于运动员睾酮、皮质醇水平受多种因素的影响，因此，不能仅凭血清 T/C 比值一个指标来评价运动能力。在实际中，常结合其他反映过度训练的指标来共同评价运动员的机能状况，如血尿素、血清肌酸激酶和血红蛋白等。有条件的话，在测定血清睾酮和皮质醇含量的同时，最好能根据不同专项测定运动员的做功能力，全面反映运动员的机能状况。由于运动员血清睾酮、皮质醇水平存在个体差异性，在运用该指标评定运动员机能状况时最好进行自身对照，建立运动员个人的正常值。

儿茶酚胺包括肾上腺素、去甲肾上腺素两种髓质激素和脑中枢化学递质多巴胺，它们具有调节机体在应急状态下有效地适应急变的功能。肾上腺素、去甲肾上腺素是体内重要的升高血糖的激素，尤其是在运动应激状态下，机体能源物质的代谢加强。许多研究表明，剧烈运动引起机体产生一系列变化，均与交感神经儿茶酚胺的分泌密切相关。因此，测定血液或尿液中的儿茶酚胺来评价机体应激程度，在对运动员进行机能评定中最有潜在的实用价值。

实验一　血清睾酮和皮质醇的测定

（一）睾酮和皮质醇的放射免疫法测定

1. 实验原理

放射免疫（radioimmunoassay，RIA）分析中应用放射性同位素标记物进行检测。本实验应用竞争机制原理，标准品或样品中的睾酮或皮质醇与^{125}I-睾酮或^{125}I-皮质醇共同与一定量特异性抗体产生竞争型免疫反应。^{125}I-睾酮或^{125}I-皮质醇与抗体的结合量与标准品中睾酮或皮质醇的含量呈一定的函数关系。用免疫分离试剂（PR）将结合部分（B）与游离部分（F）分离后，测定结合部分的放射性强度，并计算相应结合率（B/B0），用已知标准睾酮或皮质醇含量与对应结合率作图，即得标准抑制曲线，从标准曲线上查知对应结合率的待测样品中睾酮或皮质醇的含量。

2. 仪器与试剂

（1）测试仪器。γ 计数器、恒温水浴箱、微量移液器等。

（2）试剂及配制。

使用睾酮或皮质醇放射免疫试剂盒，其中主要包括睾酮或皮质醇标准品、^{125}I-睾酮或^{125}I-皮质醇、睾酮或皮质醇抗体、免疫分离剂、缓冲液以及睾酮或皮质醇质控血清。

3. 测试样品的采集

上午 7~8 时之间抽取空腹静脉血 3 mL 放入无菌试管中，在室温下静置，待血液凝固后，以 3 000 r/min 离心 10~15 min 后，取血清待测。

4. 操作方法

（1）将试剂盒从冷藏环境中取出，在室温下平衡 15~30 min。按照试剂盒中的要求配制标准品等。

（2）取圆底聚苯乙烯试管若干，用记号笔或特殊铅笔编号非特异性结合管（NSB 管）、S0~S5 和待测样品管等，然后用微量加样器按表 5-19 加样。

表 5-19　RIA 法加样程序表

试剂（μL）	管别				
	总 T	NSB 管	"0 标准"管	各标准管	样品管
零标准	—	50*	50*	—	—
睾酮或皮质醇标准品（S0～S5）				50*	
待测样品					50*
^{125}I-睾酮或^{125}I-皮质醇	100	100	100	100	100
双蒸水		100			
睾酮或皮质醇抗体			100	100	100
充分摇匀后，37 ℃温育 45～120 min**					
免疫分离剂		500	500	500	500

注：不同种类或不同厂家生产的试剂盒，* 加样量有可能不同，** 温育时间有可能不同；所以在实验前必须认真阅读试剂盒说明书，严格按照说明书上的要求操作。

（3）充分摇匀后，室温放置 15 min，3 500 r/min 离心 15 min，吸弃上清液，测定各沉淀管的放射性计数（cpm）。

（4）数据处理。

联机处理：由电脑自动处理得出结果。

手工作图：设 S0 管计数为 B0，各标准管计数为 B，非特异性管计数为 NSB，则 B/B0=(B-NSB)/(B0-NSB)×100%计算百分结合率；以公式 Logit=Ln[(B/B0)/(1-B/B0)]计算各标准点或样品管的 logit 值。以标准浓度取 log 值为横坐标，对应的 logit 值为纵坐标在普通坐标纸上以标准浓度为横坐标，对应的 B/B0 为纵坐标在 log-logit 坐标纸上画出标准曲线（理想化时为一条直线）。根据待测样品的 B/B0 可以从坐标纸上查出样品的浓度值。注意：如果使用普通坐标纸，查出的数值应取反对数才是最后的浓度值。

（5）注意事项。

① 采血时应避免溶血，血清量不少于 100 μL。

② 在每次测定的同时做标准曲线，最好做复孔。

③ 温育时可用小盖子或塑料薄膜纸盖住试管，以防止蒸汽形成的水滴进入试管中。

（二）睾酮和皮质醇的 Elisa 法测定

1. 实验原理

本试剂盒应用双抗体夹心法测定血清睾酮（T）或皮质醇的含量。用纯化的睾酮（T）或皮质醇抗体包被微孔板，制成固相抗体，往包被单抗的微孔中依次加入睾酮（T）或皮质醇标准品或被测样本，再与 HRP 标记的睾酮（T）或皮质醇抗体结合，形成抗体-抗原-酶标抗体复合物，经过彻底洗涤后加底物 TMB 显色。TMB 在 HRP 酶的催化下转化成蓝色，并在酸的作用下转化成最终的黄色。颜色的深浅和样品中的睾酮（T）或皮质醇含量呈正相关。用酶标仪在 450 nm 波长下测定吸光度（*OD* 值），通过标准曲线计算样品中血清睾酮（T）或皮质醇浓度。

2. 仪器与试剂

（1）测试仪器。酶标仪、恒温水浴箱、微量移液器等。

（2）试剂及配制。使用睾酮或皮质醇 Elisa 试剂盒，其中主要包括酶标包被板、睾酮或皮质醇标准品、标准品稀释液、酶标试剂、样品稀释液、显色剂 A、显色剂 B、终止液、封板膜和浓缩洗涤液。

3. 测试样品的采集

上午 7~8 时之间抽取空腹静脉血 3 mL 放入无菌试管中，在室温下静置，待血液凝固后，以 3 000 r/min 离心 10~15 min 后，取血清待测。

4. 操作方法

（1）将试剂盒从冷藏环境中取出，在室温平衡 15~30 min。按照试剂盒中的要求用标准品稀释液配制不同浓度的标准品，用样品稀释液将被测血清进行稀释等。

（2）按照表 5-20 的加样程序进行操作。

表 5-20　Elisa 法加样程序表

试剂（μL）	酶标板孔		
	空白孔	标准品孔	被测样品孔
标准品	—	50*	
被测样品	—		50*
用封板膜封板后，置 37 ℃温育 30 min**			
小心揭掉封板膜，弃去液体，甩干，每孔加满洗涤液，静置 30 s 后弃去，如此重复 5 次，拍干			
酶标试剂	—	50	50
用封板膜封板后，置 37 ℃温育 30 min**			
小心揭掉封板膜，弃去液体，甩干，每孔加满洗涤液，静置 30 s 后弃去，如此重复 5 次，拍干			

续表

试剂（μL）	酶标板孔		
	空白孔	标准品孔	被测样品孔
显色剂 A	50	50	50
显色剂 B	50	50	50
轻轻震荡混匀，37 ℃避光显色 15 min			
终止液	50	50	50

注：不同种类或不同厂家生产的试剂盒，* 加样量有可能不同，** 温育时间有可能不同；所以在实验前必须认真阅读试剂盒说明书，严格按照说明书上的要求操作。

（3）以空白空调零，450 nm 波长依序测量各孔的吸光度（*OD* 值）。测定应在加终止液后 15 min 以内进行。

（4）计算。以标准物的浓度为横坐标，*OD* 值为纵坐标，在坐标纸上绘出标准曲线，根据样品的 *OD* 值由标准曲线查出相应的浓度；再乘以稀释倍数；或用标准物的浓度与 *OD* 值计算出标准曲线的直线回归方程式，将样品的 *OD* 值代入方程式，计算出样品浓度，再乘以稀释倍数，即为样品的实际浓度。

（5）注意事项

① 试剂盒从冷藏环境中取出应在室温平衡 15~30 min 后方可使用，酶标包被板开封后如未用完，板条应装入密封袋中保存。

② 浓洗涤液可能会有结晶析出，稀释时可在水浴中加温助溶，洗涤时不影响结果。

③ 各步加样均应使用加样器，并经常校对其准确性，以避免试验误差。一次加样时间最好控制在 5 min 内，如标本数量多，推荐使用排枪加样。

④ 在每次测定的同时做标准曲线，最好做复孔。如标本中待测物质含量过高（样本 *OD* 值大于标准品孔第一孔的 *OD* 值），请先用样品稀释液稀释一定倍数（n 倍）后再测定，计算时请最后乘以总稀释倍数（×n×5）。

⑤ 封板膜只限一次性使用，以避免交叉污染。

⑥ 严格按照说明书的操作进行，试验结果的判定必须以酶标仪读数为准。

（三）睾酮和皮质醇的参考值

1. 睾酮参考值（表 5-21）

表 5-21　不同人群血清睾酮的参考值

	男	女
儿童	<8.8 nmol/L	<0.7 nmol/L

续表

	男	女
成人	14~25.4 nmol/L	1.3~2.8 nmol/L
运动员	9.5~35.0 nmol/L	0.35~3.50 nmol/L

注：nmol/L(国际单位)×28.6=ng/dL(常用单位)。

2. 皮质醇的参考值（表 5-22）

表 5-22　在不同时间点皮质醇的参考值

时间	零时	8 时	16 时
参考值	2~5 μg/dL (55~140 nmol/L)	6~26 μg/dL (165~720 nmol/L)	2~9 μg/dL (55~250 nmol/L)

注：μg/dL(常用单位)×27.59=nmol/L(国际单位)。

实验二　尿儿茶酚胺的测定(荧光测定法)

1. 实验原理

本实验介绍用三羟基吲哚法测定尿液中儿茶酚胺的浓度。尿液经煮沸、水解后，样品中的儿茶酚胺在 pH8.5±0.3 时，经氢氧化铝吸附、提纯，再用酸性溶液洗脱，然后在 pH6.2~6.5 的缓冲液中进行氧化，最好在以碱性抗坏血酸溶液作用下转化成荧光物质。

2. 仪器与试剂

（1）测试仪器。荧光分光光度计。

（2）常用试剂及其配制。

① 活性氧化铝（层析规格 100~200 目）：取酸性氧化铝（pH4.3±0.5）100 g 于三角烧瓶中，加入 500 mL 2 mol/L 盐酸，混匀，加热煮沸 20~30 min，弃去上层液体，用双蒸水洗涤数次，并加热 15~20 min，当上层水溶液 pH 至 4 时，吸取上层液体，留沉淀，放烘箱中在 250 ℃烘 25 h，去除水分后冷却，置棕色瓶密闭保存。

② 3 mol/L 硫酸：取浓硫酸 16.8 mL，加双蒸水至 100 mL。

③ 140 g/L 碳酸钠溶液：取 140 g 无水碳酸钠，溶于 1 L 双蒸水中。

④ 0.2 mol/L 醋酸钠溶液：取醋酸钠 13.6 g 溶于 500 mL 双蒸水中。

⑤ 0.2 mol/L 醋酸：取冰乙酸 5.7 mL 加到 500 mL 双蒸水中。

⑥ 正丁醇（AR）：需重蒸馏。

⑦ 1 mol/L 氨水：取氨水（NH_3 含量 25%~28%）1.47 mL，加双蒸水 8.53 mL。

⑧ 0.25%铁氰氢化钾：取铁氰氢化钾 250 mg，用 100 mL 双蒸水溶解，置棕色瓶中。

⑨ 5 mol/L 氢氧化钠：氢氧化钠 20 g，溶于 100 mL 双蒸水中。

⑩ 0.2%碱性抗坏血酸：抗坏血酸 20 mg，溶于 1 mL 双蒸水中，加入 9 mL 5 mol/L 氢氧化钾，混匀，临用前配制。

⑪ 肾上腺素标准贮存液（100 μg/mL）：精确称取肾上腺素 10 mg 置于 100 mL 容量瓶中，用 0.2 mol/L 醋酸稀释至刻度，置冰箱可存数月。

⑫ 肾上腺素标准应用液（0.25 μg/mL）：取肾上腺素标准贮存液 125 μL 置于 50 mL 容量瓶中，用 0.2 mol/L 醋酸稀释至刻度，临用前配制。

3. 尿样收集

留取 24 h 尿液，在每次留尿后立即用浓盐酸调 pH 至 3.0 以下（100 mL 尿约加浓盐酸 0.5 mL），并准确称量尿液总量。

4. 操作方法

（1）水解。取尿样 30 mL 置于带塞的三角烧瓶中，用 3 mol/L 硫酸调 pH 至 1.5~2.0。瓶塞上插一小漏斗防止煮沸时瓶塞迸出，将烧瓶置于沸水中水浴煮沸 20 min，取出置流水中冷却。

（2）吸附与洗脱。取 3 g 活性氧化铝加入已水解的尿中，以 140 g/L 无水碳酸钠溶液（1~2 mL）慢慢滴入并不断搅动，调尿样 pH 至 8.2~8.5。立即用振荡器振荡吸附 5 min（275 r/min），静置数分后吸取并弃去上清液。取 0.2 mol/L 醋酸钠溶液 10 mL 放入烧瓶内连同氧化铝一起倒入直径 40 mm 的 G2 酸性过滤漏斗，滤干。然后用 5 mL 双蒸水清洗烧瓶 2 次，洗液均倒入漏斗，滤干。最后用 0.2 mol/L 醋酸 50 mL 清洗烧瓶并将液体倒入漏斗，用 100 mL 带塞容量瓶收集，并用洗脱液定容至 50 mL。

（3）正丁醇处理。将 20 mL 正丁醇加入到上述洗脱液中，倒转振摇 2 min，在溶液澄清后，仔细吸去正丁醇，即得澄清洗脱液。

（4）取 15×150 mm 试管 3 支，标明测定管（U）、标准管（S）和空白管（B），然后按照表 5-23 的操作步骤制作荧光物质，并进行测定。

表 5-23　尿儿茶酚胺荧光测定操作表

加入物（mL）	空白管（B）	标准管（S）	测定管（U）
洗脱液	—	—	2.5
0.2 mol/L 乙酸	2.5	2.5	—
双蒸水	0.5	—	0.5
标准应用液	—	0.5	—

续表

加入物（mL）	空白管（B）	标准管（S）	测定管（U）
用 1 mol/L 氨水准确调 pH 至 6.2~6.5			
0.25%铁氰化钾	0.25	0.25	0.25
准确氧化 2 min			
0.2%碱性抗坏血酸	—	1.0	1.0
5 mol/L 氢氧化钠	1.0	—	—
双蒸水	2.75	2.75	2.75
混匀离心 5~10 min，以激发光波长 405 nm，发射波长 515 nm，两单色器狭缝均为 10 nm，进行荧光测定			

（5）计算：

$$尿儿茶酚胺(\mu g/L)=\frac{U\ 管荧光读数-B\ 管荧光读数}{S\ 管荧光读数-U\ 管荧光读数}\times 0.125\times 20\times\frac{1}{30}$$

5. 参考区间

因实验方法的不同，尿中儿茶酚胺的参考值亦有差异，应在不同实验室建立自己的参考值，目前正常人安静时尿儿茶酚胺的排出量的参考值应在 115 μg/24 h［μg/24 h（常用单位）×5.91＝nmol/d（国际单位）］以下，运动员的正常参考值参照此值。

6. 注意事项

（1）洗脱液 pH 的过碱性可能使儿茶酚胺产生不可逆的变化而导致荧光强度的降低，在操作过程中一定要严格控制溶液的 pH。

（2）标准应用液要在当天配制。

（3）1 mol/L 氨水应在使用前临时配制。

（4）荧光法是高灵敏度的方法，因此容易遭受各种干扰，其中荧光污染是一个不容忽视的问题，其主要污染源包括润滑油、橡皮塞、软木塞、某些洗涤剂、滤纸及重铬酸钾配制的洗液，因此，其试管洗涤时不能用重铬酸钾浸泡。用洗涤剂刷洗后要彻底冲洗干净，在测试过程中尽量避免使用橡皮塞、滤纸等。

（5）样品测定最好采用平型管测定，以提高测定的准确性。

7. 尿儿茶酚胺在运动中的应用

由于肾上腺髓质受交感神经支配，在运动应激状态下，交感神经系统被激活，血液中儿茶酚胺必然升高，而升高的程度与运动强度密切相关，运动强度越大，升高的幅度也相应越大；随着运动训练进行，儿茶酚胺对同一运动强度增高的幅度越来越小。经过一段时间运动训练后，完成同等运动负荷时儿茶酚胺的反应降低，表明运动能力得到改善。因此，测定尿液中儿茶酚胺的排泄量可以反映运动员运动训练的强度以及运动员的机能状态。

五、自由基代谢生化指标的测试

自由基又称游离基，系指外层轨道上含有一个或一个以上未配对电子的分子、原子、离子或基团。生物体内常见的自由基有超氧离子自由基（$O^{2-}\cdot$）、氢自由基（H·）、羟自由基（OH·）、过氧化羟自由基（$OH_2\cdot$）、有机自由基（R·）、烷氧基自由基（RO·）、氧化脂质自由基（LO·）及过氧化脂质自由基（LOO·）等。

自由基的形成可以是外源性的，来自于外界环境或物理、化学因素，如大气中的臭氧、汽车排出的碳化氢、空气烟雾中的氟利昂等经太阳紫外线照射及光分解产生的自由基；食物中某些成分，如茶叶在空气中放置过久，自由基含量会升高；某些药物、激素等经机体摄取后，在代谢过程中也容易产生自由基。自由基的生成也可以是内源的，在生物体内生成。机体在代谢中产生的自由基以活性氧最多。氧是生命的必需，但“氧也可能是生命杀手”。通常人体吸进体内的氧气，有98%被正常利用，还有2%形成活性氧。自由基可在人体任何部位产生。如线粒体是细胞内产生能量（进行氧化作用）的主要位置，也是产生自由基（过氧化物）的主要场所。

自由基不稳定、较活泼、寿命短，易抢夺其他物质的电子，造成被抢夺的物质遭到破坏。在生理条件下，处于平衡状态的自由基浓度是极低的，它们不仅不会损伤机体，而且一定量的自由基具有预防、抵御疾病的功能。但当自由基产生过多或/和机体消除能力降低时，就可导致核酸、蛋白质、脂质等生物大分子的降解或失活，导致细胞结构和功能的广泛性损伤，对机体造成危害。例如，自由基与多价不饱和脂肪酸作用，引发脂质过氧化反应，生成一类过氧化脂质（LPO），可诱发癌症、动脉粥样硬化、糖尿病等多种疾病。

大量研究已经证实，人体内本身就具有清除多余自由基的能力，称为抗氧化系统，它包括超氧化物歧化酶（SOD）、过氧化氢酶、谷胱甘肽过氧化酶等一些酶和维生素C、维生素E、还原性谷胱甘肽（GSH）、胡萝卜素和硒等一些抗氧化剂。SOD是一类金属酶，广泛存在于生物体内，是机体内清除自由基的第一道防线，也是十分重要的一道防线。在生物体内含有疏基（-SH）的非蛋白质中以GSH的含量为最高，GSH是由谷氨酸、半胱氨酸和甘氨酸组成的三肽，它是生物体内抗氧化防御系统中最重要的小分子活性寡肽。谷胱甘肽分为氧化型谷胱甘肽（GSSG）和GSH。GSH作为谷胱甘肽过氧化物酶或谷胱甘肽转硫酶的作用底物，可清除生物体内有害自由基（主要是氧自由基）或过氧化脂质，同时，GSH被氧化成GSSG。当机体内由于GSH的清除自由基作用导致积累较多的GSSG时，GSH还原酶将作用于底物GSSG可再还原成GSH。通常生物体内GSH和GSSG处于稳恒性动态平衡，当机体受到严重的氧化胁迫时，GSSG还原成GSH的过程受阻，大量的GSSG积累在细胞液中，破坏了此氧化还原的动态平衡，将给生物体带来不良影响。

目前的研究已表明，适当的运动可增强机体的抗氧化防御系统，促进机体抵抗自由基的侵害。

实验一　血清过氧化脂质的测定（硫代巴比妥酸比色法）

1. 实验原理

LPO在酸性条件下加热发生分解，生成丙二醛（MDA），MDA与硫代巴比妥酸缩合形成紫红色产物，它在535 nm有最大吸光度，与同样处理的标准比较，可计算出样品中过氧化脂质的含量。

2. 仪器与试剂

（1）测试仪器。分光光度计。

（2）试剂配制。

① 0.05 mol/L盐酸：用优级纯盐酸稀释而成。

② 甲醇-正丁醇混合液：85 mL正丁醇与15 mL甲醇混合而成。

③ 0.67%硫代巴比妥酸（TBA）溶液：称取TBA 0.67 g，加80 mL蒸馏水，置60 ℃水浴中加热助溶，然后加蒸馏水至100 mL。

④ 10 mmol/L TEP标准贮存液：精确称取1，1，3，3-四乙氧基丙烷（TEP，MW220）110 mg，用甲醇溶解，定容至50 mL。

⑤ 10 μmol/L标准应用液：取标准贮存液0.1 mL，用甲醇溶解，定容到100 mL。

3. 操作方法

（1）取10 mL带塞离心管3支，做好标记，按表5-24进行操作。

表5-24　血清过氧化脂质的测定

加入物（mL）	空白管	标准管	测定管
血清	—	—	0.3
标准应用液	—	0.3	—
生理盐水	0.3	—	—

续表

加入物（mL）	空白管	标准管	测定管
0.05 mol/L 盐酸	3.0	3.0	3.0
立即混匀			
0.67%TBA 溶液	1.0	1.0	1.0
充分混匀，加盖置沸水浴中 30 min，流水冷却至室温后			
甲醇-正丁醇混合液	4.0	4.0	4.0
加塞用力振摇，3 000 r/min 离心 10 min。取上清液，以蒸馏水调零，535 nm 波长比色，记录各管吸光度			

（2）计算：血清 LPO（μmol/L）$=\dfrac{\text{测定管吸光度}-\text{空白管吸光度}}{\text{标准管吸光度}-\text{空白管吸光度}}\times 10$

4. 参考区间

男性：4.14±0.78 μmol/L；女性：3.97±0.77 μmol/L

5. 附注

（1）LPO 和 TBA 反应的生成物与 MDA 和 TBA 反应的生成物是同一缩合物，用 4-乙氧基丙烷作为标准与 TDA 反应也能得到相同的产物，其最大吸光度均为 535 nm。

（2）反应液 pH 为 2，沸水浴中 30 min 达最大显色强度，所显色泽在 2 小时内稳定。

（3）Hb 对反应有干扰，可使 LPO 检测结果偏高，溶血标本不宜做此试验。

（4）脂血症、黄疸标本可使结果升高，不宜作 LPO 测定。

实验二　血清超氧化物歧化酶活力的测定

1. 实验原理

核黄素光照产生的超氧自由基与羟胺反应生成亚硝酸根，在酸性条件下，亚硝酸根与氨基苯磺酸和 N—甲萘基二氨基乙烯反应生成红色化合物，而 SOD 则抑制此反应。根据抑制率高低，计算出 SOD 活力。

由于 CuZn-SOD 在 1~2 mmol/L 氰化钠存在下完全失活，而 Mn-SOD 活力不变。因此，在测定体系中，根据氰化钠的存在与否，可分别测出总 SOD（T-SOD）和 Mn-SOD 活力，而 CuZn-SOD 活力即可计算出来。

2. 仪器与试剂

（1）测试仪器。分光光度计。

（2）试剂配制。

① 0.12 mmol/L 核黄素溶液：称取核黄素粉 45 mg，溶于 100 mL 蒸馏水中，盛棕色瓶中，置冰箱保存。

② 1 mmol/LEDTA-Na_2溶液：称取含 2 个结晶的 EDTA-Na_2盐 37.2 mg，溶于蒸馏水中并稀释至 100 mL。

③ 8 mmol/L 羟胺溶液：称取羟胺盐酸盐 55.6 mg，溶于蒸馏水中，并稀释至 100 mL，置冰箱保存。

④ 20 mmol/L 氰化钠溶液：称取氰化钠 98.0 mg，溶于蒸馏水中，并稀释至 100 mL，盛棕色瓶中，置冰箱保存。

⑤ 1/15 mol/L 磷酸盐缓冲剂（pH7.8）：1/15 mol/L 磷酸氢二钠 91.5 mL，加 1/15 mol/L 磷酸二氢钾 8.5 mL，混匀。

⑥ 90 mg/dL 氨基苯磺酸溶液：称取氨基苯磺酸 90 mg，溶于 100 mL 16%醋酸溶液中，盛于棕色瓶内。

⑦ 1.5 mg/dL N—甲萘基二氨基乙烯：称取 N—甲萘基二氨基乙烯 1.5 mg，溶于 16%乙酸溶液 100 mL 中，盛于棕色瓶内置冰箱保存。

⑧ 试剂 A：将试剂①、②、③、④、⑤按 1∶1∶2∶1∶5 体积比混合，用于测定 Mn-SOD 活力。

⑨ 试剂 B：将试剂①、②、③、⑤按 1∶1∶2∶6 体积比混合，用于测定 T-SOD 活力。

⑩ 显色剂：将试剂⑥、⑦按等体积混合，临用前配制。

3. 操作方法

（1）T-SOD 活力测定。将血清用生理盐水稀释 3 倍，取试管 5 支，做好标记，按表 5-25 进行操作。

表 5-25　血清 T-SOD 活力测定

加入物（mL）	0	1	2	3	4
稀释血清	—	0.01	0.02	0.03	0.04
试剂 B	1.0	1.0	1.0	1.0	1.0
充分混匀，放入内壁为白色、装有 20 W 日光灯的恒温箱内，30 ℃，距离 6 cm 光照 5 min					
显色剂	2.0	2.0	2.0	2.0	2.0
充分混匀，置 30 ℃恒温箱 20 min					
以蒸馏水调零，550 nm 波长比色，记录各管吸光度					

（2）Mn-SOD 活力测定。取试管 5 支，做好标记，按表 5-26 进行操作。

表 5-26　血清 Mn-SOD 活力测定

加入物（mL）	0	1	2	3	4
血清	—	0.01	0.02	0.03	0.04
试剂 A	1.0	1.0	1.0	1.0	1.0
	充分混匀，放入内壁为白色、装有 20 W 日光灯的恒温箱内，30 ℃，距离 6 cm 光照 5 min				
显色剂	2.0	2.0	2.0	2.0	2.0
	充分混匀，置 30 ℃恒温箱 20 min				
	以蒸馏水调零，550 nm 波长比色，记录各管吸光度				

（3）计算与作图。

$$抑制率\% = (A_o - A_n) / Ao \times 100\%$$

式中：Ao 为 o 管吸光度；An 为 n 管吸光度。

以血清加入量为横坐标，SOD 对反应的抑制率为纵坐标，在普通方格纸上作图。由曲线图上可查出抑制率为 50%时所对应的血清量。

4. 单位定义

酶单位定义抑制率为 50%时所对应的 SOD 量为 1 个单位，结果以每 mL 血清单位表示。

5. 参考区间

性别及各年龄组之间 SOD 无显著差异，血清超氧化物歧化酶活力参考范围为如下。

T-SOD：52.4±8.9；Mn-SOD：17.0±3.6；CuZn-SOD：35.4±7.9

6. 附注

（1）CuZn-SOD 分子中锌与酶分子结构稳定性有关，与酶的催化活性无关。而铜原子参与酶的活性中心组成，直接与酶的催化活性相关。

（2）测定 SOD 的方法有很多，常用的有肾上腺素自氧化法、邻苯三酚自氧化法、联大茴香胺法（光化学扩增法）和四氮唑蓝法，这些方法常用于测定红细胞溶血血液内的 SOD。

实验三　组织谷胱甘肽含量的测定

1. 实验原理

GSH 的-SH 基团与 5，5'-二硫代双（2-硝基苯甲酸）（DTNB）反应生成黄色的2-硝基-5-巯基苯甲酸（TNB）（图5-1）。加入GSH还原酶，可将GSSG还原成GSH。TNB的适宜吸光度范围为405～414 nm，通过测定TNB颜色深浅，可计算样品中总GSH（GSH+GSSG）含量。

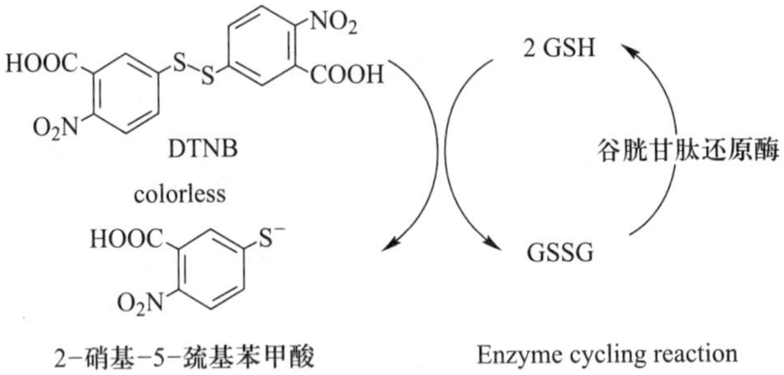

图5-1　GSH的循环反应

总GSH中加入2-乙烯基吡啶，GSH可被2-乙烯基吡啶衍生化，从而测定的只有GSSG含量。GSH的含量为2x（总GSH-GSSG）。

2. 仪器与试剂

（1）测试仪器。酶标仪。

（2）试剂配制。

① 2-（N-吗啉）乙磺酸缓冲液（MES Buffer）：将4.686 g 2-（N-吗啉）乙磺酸、0.570 g磷酸盐和0.035 g EDTA溶于60 mL双蒸水中，调pH为6.0。将此溶液加入60 mL双蒸水得到MES buffer。

② GSH辅助因子混合液：将含有$NADP^+$和葡萄糖-6-磷酸混合物的冻干粉溶解到0.5 mL的双蒸水中，混合均匀。此试剂在4 ℃下能够储存2周。

③ GSH酶混合液：在含有谷胱甘肽还原酶和葡萄糖-6-磷酸脱氢酶的缓冲液试剂中，加入2 mL的MES buffer，混匀。此试剂在4 ℃下能够储存2周。

④ GSH DTNB：将DTNB冻干粉溶于0.5 mL双蒸水中，混合均匀。试剂需要在10 min内用完。

⑤ MPA试剂：将5 g偏磷酸溶于50 mL双蒸水中，此试剂在25 ℃可存放4 h。

⑥ TEAM试剂：取5.619 g三乙醇胺溶于5 mL双蒸水中，以上溶液531 μL，加入469 μL的双蒸水，最终得到三乙醇胺溶液。

⑦ 1 mol/L 2-乙烯基吡啶溶液：将108 μL的2-乙烯基吡啶与892 μL的乙醇混合。

⑧ GSSG标准品：25 μmol/L。

3. 操作方法

（1）组织样品的制备。准备 4 只 2 mL 离心管，做好标记，按表 5-27 进行操作。

表 5-27　组织样品的制备

加入物	0	1	2	3
组织	100 mg	100 mg	100 mg	100 mg
PBS	1 mL	1 mL	1 mL	1 mL
混合均匀，弃掉 PBS				
MES buffer（mL）	1	1	1	1
剪碎，匀浆，静止 20 min				
4 ℃ 10 000×g 离心 15 min				
提取 800 μL 上清液				
MPA 试剂（μL）	800	800	800	800
混匀均匀，离心 3 000 g 离心 3 min，取上清液				

（2）标准品的配制。取 8 个 1.5 mL 的离心管，标记为 A 至 H 管，按表 5-28 进行操作。

表 5-28　标准品的配制

编号	GSSG 标准品（μL）	MES buffer（μL）	终浓度（μmol/L）
A	0	500	0
B	5	495	0.25
C	10	490	0.5
D	20	480	1.0
E	40	460	2.0
F	80	420	4.0
G	120	380	6.0
H	160	340	8.0

（3）工作液。将 11.25 mL MES buffer、0.45 mL GSH 辅助因子混合液、2.1 mL GSH 酶混合液、2.3 mL 双蒸水和 0.45 mL DTNB 溶液混合，现用现配。

（4）组织总 GSH 含量的测定。取 500 μL 组织上清液与 25 μL TEAM 试剂混合均匀，得到待测液。取 96 孔酶标板，双管测定，按表 5-29 进行操作。

表 5-29　组织总 GSH 含量的测定

加入物（μL）	A	B	C	D	E	F	G	H	待测液
GSSG 标准品	50	50	50	50	50	50	50	50	—
待测液	—	—	—	—	—	—	—	—	50
工作液	150	150	150	150	150	150	150	150	150
盖上盖子，避光，摇床摇动 25 min									
波长 412 nm，酶标仪终点法记录 OD 值，得到浓度									

（5）组织 GSSG 的测定。取 1 000 μL 组织上清液与 50 μL TEAM 试剂混合，取 1 000 μL 混合液加入 10 μL 2-乙烯基吡啶溶液，混合，室温下孵育 60 min，得到待测溶液。取 96 孔酶标板，按表 5-30 进行操作。

表 5-30　组织 GSSG 的测定

加入物（μL）	A	B	C	D	E	F	G	H	待测液
GSSG 标准品	50	50	50	50	50	50	50	50	—
待测液	—	—	—	—	—	—	—	—	50
工作液	150	150	150	150	150	150	150	150	150
盖上盖子，避光，摇床摇动 25 min									
波长 412 nm，酶标仪终点法测量 *OD* 值，得到浓度									

4. 附注

MES buffer 中包含 EDTA，有毒性，注意戴手套和口罩进行实验操作。

六、铁代谢生化指标测试

人体含铁约 4 g，其中 2/3 存在于血红蛋白内，其余 1/3 作为储备铁存在于肝、脾和骨髓。铁是血红蛋白、肌红蛋白及许多酶系的必需成分，具有重要的生理功能，铁代谢失衡不仅会引发各种疾病，也常常是运动员体能下降或运动性疾病的诱发因素之一。为了满足人体对铁的需要，体内存在多种代谢路径。用来反映铁代谢的指标主要包括血清铁（Serum Iron）、血清总铁结合力（Total Iron Binding Capacity）、血清转铁蛋白、转铁蛋白饱和度（Transferrin Saturation）、血清铁蛋白（Serum Ferritin）、血清转铁蛋白受体 6 项，其中转铁蛋白饱和度通过计算得出（血清铁/总铁结和力）。这些指标的生物学特性和临床意义各不相同。

血清中的铁离子全部与转铁蛋白结合，是铁离子的运输形式，称为血清铁（Iron）。溶血性贫血、再生障碍性贫血、巨幼红细胞性贫血、急性肝炎及铅中毒等导致血清铁升高。而缺铁性贫血、慢性失血、恶性肿瘤、肝硬化等则会导致血清铁降低。体内26%~36%的铁以转铁蛋白和铁蛋白的形式存在，并及时运送到血红蛋白、肌红蛋白及各种酶系统中去。血清铁蛋白是一种棕色的含铁蛋白，含铁量为23%，相对分子质量约750 kDa。它是一种直径为12~14 nm的球形蛋白，主要在肝合成，血清中含量很低。血清铁蛋白含量的多少是判断体内缺铁还是铁负荷过量的指标。在临床上血清铁蛋白降低见于缺铁性贫血、营养不良、严重慢性疾病体内贮存铁减少导致的继发性贫血。血清铁蛋白增高见于体内铁贮存过多，如长期接受输血和不恰当的铁剂治疗、恶性肿瘤、急性感染和炎症，肝脏疾病如肝硬化、肝坏死和心肌梗死等。

转铁蛋白（Transferrin，TRF），是血浆中主要的含铁蛋白质，负责运载由消化道吸收的铁和由红细胞降解释放的铁。以TRF-Fe^{3+}的复合物形式进入骨髓中，供成熟红细胞的生成。血清转铁蛋白属β1-糖蛋白，相对分子质量约7.9 kD，含有两个与三价铁结合的高亲和力位点。血浆中TRF含量受铁供应的调节。缺铁状态时，血浆浓度上升，经铁剂有效治疗后恢复到正常水平。测定血清转铁蛋白的临床意义在于对贫血的诊断和对治疗的监测。TRF在急性时相反应中往往降低。在慢性肝疾病及营养不良时亦下降，因此可以作为营养状态的一项指标。妊娠及口服避孕药或雌激素注射可使血浆TRF升高。

转铁蛋白受体是一种以非二硫键连接的跨膜糖蛋白，由两个完全相同的肽链组成，每条肽链为95 kD。在血液中，铁与转铁蛋白结合成复合物被运输，转铁蛋白通过和细胞表面的特异性转铁蛋白受体结合释放到细胞内。所有的细胞表面都有特征性的转铁蛋白受体，成熟的红细胞也很少例外。但在正常成人中约80%的受体被固定在红骨髓当中的红细胞前体上。存在于血清或血浆当中的可溶性TfR（sTfR）是组织受体的分离形式，主要来源于未成熟红细胞在成熟过程中的脱落。细胞表面上转铁蛋白受体的数目反映了与之相关的可供应的细胞铁的要求。因而，铁供应的减少将导致sTfR合成的调整，从而导致血清转铁蛋白受体浓度（sTfR）的变化。又有证据表明，感染或炎症性疾病不会引起血清sTfR浓度的任何显著性变化。因此sTfR是功能性铁状态的一项特异性检测指标，不受各种干扰因素（如急性或慢性炎症反应、怀孕等）的影响。测定sTfR用于对各种贫血病的准确诊断，包括区别缺铁性贫血和慢性疾病引起的贫血以及孕妇铁缺乏的识别；提示缺铁性红细胞的生成和测定亚临床性贫血。

铁蛋白主要用于检测体内贮存铁的耗尽或减少，sTfR 则作为组织水平铁供应减少的一项指标。因而血清铁蛋白、sTfR 和血红蛋白联合检测可准确分析病人或运动员铁缺乏的状态，表明铁缺乏的不同阶段。其次联合检测 sTfR 和血清铁蛋白还可预测某些疾病或运动性贫血发生的危险程度。在健康人群中，体内高的铁贮存量和急性心肌梗死及非胰岛素依赖性糖尿病（NIDDM）的危险性增高相关联，TfR/Ferriten 大于 3 的人比小于 3 的人发生 AMI 的危险性增高 2. 9 倍，发生 NIDDM 的危险性增高 2. 38 倍。

血清总铁结合力（total iron binding capacity，TIBC），指血清蛋白所能结合的最大铁离子浓度，总铁结合力是评价人体铁离子水平的重要指标之一。由于血清中 95%以上的非血红素结合铁都与血清转铁蛋白结合，因此总铁结合力与转铁蛋白的水平高度相关。通常情况下，血清转铁蛋白中仅有 30%左右与铁离子相结合，铁离子与总铁结合力的比值称为转铁蛋白饱和度。研究表明，缺铁性贫血和肝细胞坏死会导致总铁结合力升高，而遗传性铁蛋白缺乏症、肾病、肝硬化、溶血性贫血、慢性感染及白血病等会导致总铁结合力降低。另外，总铁结合力与血清铁两项指标联合运用对于疾病的诊断有更大的帮助。例如总铁结合力增高，血清铁降低时主要见于缺铁性贫血；总铁结合力降低，血清铁增高时提示血红蛋白合成障碍，如珠蛋白生成障碍性贫血：两者均增高，提示慢性感染、肝硬化、肾病尿毒症等。转铁蛋白饱和度的测定是反应铁缺乏和铁增加的敏感指标。通常情况下，转铁蛋白饱和度小于 20%和大于 50%在临床上有意义。

铁代谢指标的检测对判断运动性贫血或运动员血色素低下具有非常重要的作用，在运动员身体机能评定中，检测运动员铁代谢状况是常规诊断方法。在对运动员身体功能进行评价时，首先应该对铁代谢的过程要清楚。铁代谢包括铁吸收、转运、利用、储存和循环等一系列过程。其次应认识到不同运动负荷与时间形成的搭配组合对铁代谢形成的影响是不一样的。例如长期、剧烈的运动训练可以导致铁代谢的紊乱，从而引发机体缺铁的发生，同时也是导致运动性贫血的重要原因；第三，运动导致缺铁引起铁代谢失调可能与运动导致铁吸收下降、摄入不足、铁丢失增加、不良的饮食摄入习惯、溶血以及机体应激有关。

在应用铁代谢相关指标进行具体分析时，会遇到很多问题，一类是铁缺乏时会引起机体的什么变化；另一类是运动导致铁储备的原因有哪些。一般说来，铁缺乏时，会导致蛋白质合成减少，血红蛋白携氧能力下降以及能量代谢失调，影响运动员的能量代谢水平，使机体运动能力下降。运动导致铁代谢紊乱是造成运动性贫血的主要原因之一；而在运动训练中，运动性贫血又是导致运动员竞技能力下降的主要因素，尤其对有氧耐力型运动项目的影响尤为突出。

运动导致铁储备下降的主要原因：一是由于运动中足部与地面形成的冲击力，加速了血流中正常红细胞的破坏，使血红蛋白释放入血被降解；二是运动训练促使自由基浓度明显增加，自由基又进一步使红细胞的细胞膜发生脂质过氧化，导致红细胞脆性增加，溶血加强；三是运动训练加速了铁从汗、尿液的排出；四是运动训练导致机体对铁的吸收下降以及粪便排出铁量增加；五是大强度的运动训练会抑制食欲，从而导致摄入铁量减少；六是女运动员月经期铁的丢失。因此，运动训练可增加功能铁消耗的速率，加速铁储备的动用。运动可以抑制或降低铁的吸收，使储备铁得不到良好的补充，进而引起储备铁进一步耗竭，而在低铁状态时又会使骨髓对铁的吸收利用能力下降，从而影响骨髓造血功能，导致缺铁性贫血的发生和发展。

实验一　全血铁含量的测定

1. 实验原理

血液中的铁质，大部分存在于红细胞的血红蛋白中，血浆中仅含少量，以硫酸及过硫酸钾使铁质与蛋白分离，并使 Fe^{2+} 氧化成 Fe^{3+}，然后使用酸沉淀蛋白。无蛋白滤液中的铁离子与硫氰酸钾作用，生成红色的硫氰酸铁，与标准液比色，即可求得全血铁含量。

2. 仪器与试剂

（1）测试仪器。分光光度计、微量加样枪。

（2）试剂配制。

① 10%钨酸钠溶液。

② 浓硫酸。

③ 7%饱和过硫酸钾溶液：吸取上清液或滤液备用。

④ 3 mol/L 硫氰酸钾溶液：称取 29.2 g 硫氰酸钾，加水约 60 mL 使之溶解，移入 100 mL 容量瓶中，加丙酮 4 mL，再用水稀释到刻度，于棕色瓶中保存。若空白管迅速产生黄色，表明此试剂已变质。

⑤ 铁标准液（1 mL = 0.1 mg）：精确称取硫酸高铁铵 $[Fe_2(SO_4)_3(NH_4)_2 \cdot SO_4 \cdot 24H_2O]$ 0.863 5 g，置烧杯中加重蒸馏水约 50 mL 和 10%硫酸 20 mL，（或浓硫酸 2 mL），微热使之溶解，待冷却后移入 1 000 mL 容量瓶中，以重蒸馏水稀释至刻度。

3. 操作方法

（1）取充分混合的全血 0.5 mL，缓缓放入洁净干燥的 50 mL 容量瓶中。

（2）逐滴加入浓硫酸 2 mL，边加边摇 1~2 min，混匀。

（3）逐滴加入饱和过硫酸钾溶液 2 mL，充分混匀，加蒸馏水约 25 mL。

（4）加 10%钨酸钠溶液 2 mL，边加边摇，静置 10 min 后以蒸馏水稀释至 50 mL 刻度，混匀过滤。

（5）取大试管 3 支，做好标记，按表 5-31 进行操作。

表 5-31　全血铁含量的测定步骤

加入物（mL）	空白管	标准管	测定管
血滤液	—	—	20
铁标准液	—	1.0	—
浓硫酸	0.8	0.8	—
双蒸水加至	20	20	—
充分混匀，冷却至室温			
饱和过硫酸钾	1.0	1.0	1.0
3 mol/L 硫氰酸钾	4.0	4.0	4.0
混匀后，空白调零，在 520 nm 比色，记录各管吸光度。			

（6）按照下列公式计算全血铁含量：

$$全血铁(mg/dL)=\frac{测定管吸光度}{标准管吸光度}\times 0.1\times \frac{100}{0.2}$$

4. 正常值参考范围

正常值：男为 40~56 mg/dL；女为 42~48 mg/dL。

附：血红蛋白含量的计算公式（每 1 g 血红蛋白含铁 3.47 mg）

$$Hb(g/dL)=\frac{Fe(mg/dL)}{3.47}$$

运动员在运动中由于机体消耗较多，汗中排铁增加，可造成暂时缺铁，故应及时测定血中铁的含量，及时给予补充，若长期缺铁可导致缺铁性贫血。

5. 注意事项

所用试剂应不含铁质，且用重蒸馏水配制，如有沉淀应过滤，有变化则应弃去。如果所得滤液呈棕色，往往由于硫酸或钨酸钠溶液过少，比色时容易混浊，应重做滤液。过硫酸钾除了促进铁质从血红蛋白中分离外，还可以防止颜色消退。

实验二　血清铁的测定

1. 实验原理

在酸性（pH=5）条件下，转铁蛋白中的铁与蛋白分离。经盐酸羟氨作用，将 Fe^{3+} 还原为 Fe^{2+}，Fe^{2+} 与2，2'-联吡啶结合生成络合物，其色泽深度与铁离子浓度成正比，经与铁标准液比色，求得 Fe^{3+} 含量。

2. 仪器与试剂

（1）测试仪器。分光光度计、微量加样枪和水浴锅。

（2）试剂配制。

① 0.5 mol/L 醋酸钠缓冲液：0.5 mol/L 醋酸 59 mL 与 0.5 mol/L 醋酸钠溶液 141 mL 混合，调节 pH 至 5。

② 铁显色剂：称取 2，2'-联吡啶 75 mg，盐酸羟胺 100 mg，溶于 0.5 mol/L 醋酸钠缓冲液 100 mL 中。储存于棕色瓶，置 4 ℃冰箱中保存。

③ 铁标准应用液：精称硫酸亚铁羟胺 702 mg，加 15 mol/L 醋酸 25 mL，用水稀释至 1 000 mL（铁为 100 mg/L）。

3. 操作方法

（1）标准曲线绘制：取试管 7 支，做好标记，按表 5-32 进行操作。

表 5-32　血清铁测定步骤

加入物（mL）	0	1	2	3	4	5	6
铁标准应用液	0	0.25	0.50	1.00	1.50	2.00	3.00
蒸馏水	—	99.75	99.50	99.00	98.50	98.00	97.00
稀释铁标准液	—	1.00	1.00	1.00	1.00	1.00	1.00
蒸馏水	1.00	—	—	—	—	—	—
铁显色剂	2.00	2.00	2.00	2.00	2.00	2.00	2.00
铁含量（μg/L）	0	250	500	1 000	1 500	2 000	3 000
充分混匀，置常温放置 5 min。以 0 管调零，在波长 525 nm 比色，记录各管吸光度。以吸光度为纵坐标，铁含量为横坐标绘制曲线							

（2）取试管 3 支，做好标记，按表 5-33 操作。

表 5-33　血清铁标准曲线的绘制

加入物（mL）	对照管	测定管
血清（或肝素抗凝血浆）	—	1
蒸馏水	1	—
铁显示剂	2	2
完全混合，煮沸 5 min，待冷却后，离心。取上清液，520 nm 波长，以对照管调零比色，记录各管吸光度		

（3）根据各测定管的吸光度，查标准曲线，得出各测定管的铁含量。

4. 正常值参考范围

男性：14.3～32.2 μmol/L，女性：10.7～28.6 μmol/L，部分运动员血清铁参考值见表 5-34。

表 5-34　部分运动员血清铁参考值

运动员年龄范围（岁）	男（μmol/L）	女（μmol/L）
青年运动员>14	100±24（μg/L）	105±38（μg/L）
少儿运动员<14	92±24（μg/L）	92±18（μg/L）
国家游泳队 16～27	19.0±6.8	14.70±5.20

5. 注意事项

（1）人体中血清铁含量清晨较高，傍晚低，这与肾上腺皮质功能和自主神经系统的改变有关。故标本采取应定时，以晨 8 时左右为宜。

（2）全部操作过程中所使用的试剂与器皿，必须严格防止铁质污染。所用的水，必须为去离子水。

（3）标本避免溶血。

实验三　血清总铁结合力和转铁结合力的测定

1. 实验原理

血清中加入定量铁标准液，使其与血清中未结合的转铁蛋白全部结合，达到饱和状态。过剩的铁被轻质碳酸镁粉吸附除去，然后再测血清铁含量，算出总铁结合力及未饱和铁的含量。血清铁与血清总铁结合力百分比即称转铁蛋白饱和度。因此，转铁蛋白饱和度可由血清铁和总铁结合力计算而得。

2. 仪器与试剂

（1）测试仪器：分光光度计、微量加样枪和水浴锅。

（2）试剂配制：

① 铁标准液：精称硫酸亚铁羟胺 702 mg，加 15 mol/L 醋酸 25 mL，用水稀释至 1 000 mL（铁为 100 mg/L）。用去离子水稀释 5 倍，使成 20 mg/L 浓度。

② 纯轻质碳酸镁。

③ 铁显色剂：称取 2，2'-联吡啶 75 mg，盐酸羟胺 100 mg，溶于 0.5 mol/L 醋酸钠缓冲液 100 mL 中。储存于棕色瓶，置 4 ℃冰箱中保存。

3. 操作方法

（1）取试管 2 支，做好标记，按表 5-35 进行操作。

表 5-35 血清总铁结合力测定步骤

加入物（mL）	对照管	测定管
血清（或肝素抗凝血浆）	—	1
铁标准液	—	0.5
充分混合 1 min，放置 10 min 后，加		
轻质碳酸镁	—	50 mg
充分混合后放置 30 min，每隔 10 min 摇动 1 min。3 000 r/min 离心 10~15 min，取上清液 1 mL。		
上清液	—	1
蒸馏水	1	—
铁显示剂	2	2
完全混合，煮沸 5 min，待冷却后，离心。取上清液，520 nm 波长，以对照管调零比色，记录各管吸光度，查标准曲线		

（2）计算。所得结果乘以 3/2，即得总铁结合力。

血清未饱和铁量=总铁结合力-血清铁

转铁蛋白饱和度(%)=血清铁(μmol/L)/血清总铁结合力(μmol/L)×100

4. 正常值参考范围

（1）血清总铁结合力。男性为 44.6 ~ 69.3 μmol/L，女性为 36.5 ~ 76.8 μmol/L。部分运动员总铁结合力参考值见表 5-36。

表 5-36　部分运动员宗铁结合力参考值

运动员年龄范围（岁）	男（μmol/L）	女（μmol/L）	研究者
国家游泳队 16~27	57.6±6.9	58.7±10.0	洪平，2000

（2）血清转铁结合力。20%~50%为正常范围，缺铁性贫血患者小于15%。

实验四　转铁蛋白的测定(免疫光散射比浊法)

1. 实验原理

用免疫光散射比浊法进行测定，利用蛋白质复杂结构所具有的抗原特性，当某种蛋白质作为抗原与相应特异的抗体结合后，在聚乙二醇（PEG）溶液中形成很微细的颗粒复合物沉淀，这些复合物颗粒经荧光照射后发生的光散射强度与被测蛋白质浓度成正比。

2. 仪器与试剂

（1）测试仪器。930 荧光光度计、微量加样枪。

（2）试剂配制。

① 4%PEG 抗体稀释液：称取聚乙二醇（PEG6000，进口分装）40.0 g，蒸馏水溶解 1 000 mL，中速滤纸过滤，室温可保存数月。

② PEG 抗体试剂：采用上海长征医学科学有限公司（羊抗人抗血清）免疫诊断试剂盒。用 4%PEG 抗体稀释液进行 1∶15 倍稀释。

③ 标准品：上海长征医学科学有限公司提供。

3. 操作方法

（1）取待测血清和试剂盒所带标准品各 20 μL 加 380 μL 生理盐水进行 20 倍稀释。

（2）备 10×100 试管，编号，按表 5-37 进行操作。

表 5-37　转铁蛋白测定步骤

加入物（μL）	对照管	标准管	测定管
1∶20 倍稀释血清	—	—	15
标准品（注）	—	15	—
蒸馏水	15	—	—
各自相应 PEG 抗体（mL）	3	3	3
完全混合后在室温放置 30 min，荧光光度计入射光 400 nm 波长，发射光 420 nm 波长散射比浊			

注：每项指标均带 3 支标准管，标准管稀释倍数和 PEG 加液量与该指标测定管相同，计算时取 3 管的平均值。

（3）按照下列公式计算转铁蛋白浓度

$$转铁蛋白浓度(g/L)=\frac{测定管读数-空白管读数}{标准管读数-空白管读数}\times标准品浓度$$

4. 注意事项

（1）实验生物试剂公司的免疫试剂盒，也可利用自行配制的抗体试剂，但实验前均需预做标准曲线确定合适的抗体稀释度，使之保持在进行抗原抗体反应中抗体略过量状态。

（2）实验在 37 ℃水温、25 ℃室温和零度冰箱三种条件下进行测试，结果并无任何差异，可选择室温作为反应条件。

（3）方法的稳定性。测定管加入试剂反应后第 30 min 反应完成 95%，第 45 min 达 98%以上，1～24 h 光散射强度不发生任何变化。

（4）方法的精密度。取混合血清重复测定每项指标各 20 次，计算变异系数为 1.91%。取分装混合血清不同日 20 次测定，批间 $CV\leqslant45\%$。

（5）由于本方法属微量检测灵敏度很高的操作，应用精密加液器或 25～50 μL 玻璃微量进样器稀释血清样品和加样本。全部实验要求所用试管、吸管保持清洁，防止混入灰尘颗粒进入，以免造成读数漂移而影响实验结果。

（6）按不同梯度浓度稀释，测定质量标准曲线后发现，在 0～465 g/L 范围内线性关系良好。在实际测定时，当被检查样品浓度超过该项指标曲线范围时，须将药品继续稀释后重新测定。

实验五　血清铁蛋白的测定（放射免疫法）

1. 实验原理

血清中铁蛋白与加入的 ^{125}I 铁蛋白、抗铁蛋白血清竞争结合，应用双抗体分离结合部分，并测量沉淀中的放射性。由对照标准铁蛋白曲线查得血清铁蛋白含量。

2. 仪器与试剂

（1）测试仪器。γ 计数器。

（2）试剂配制。

① 正常兔血清：用时加去离子水 5 mL 溶解。

② PB 溶液：将 PB 干粉加去离子水 80 mL 溶解，然后加入正常兔血清溶液，加水至 100 mL，此为 0.1 mol/L PB 溶液（pH7.4）。

③ 铁蛋白：临用时加入 PB 溶液 10 mL，使每 100 μL 约 10 000 cpm。

④ 抗铁蛋白血清：临用时加入溶液 10 mL。

⑤ 铁蛋白标准品（ng/100 μL）：分别为 0.50、1.50、3.00、6.25、12.50

和 25.00。

⑥ 第二抗体：共 2 份，用时每份加去离子水 5.5 mL 溶解。

3. 操作方法

（1）取平底玻璃试管 9 支，做好标记，按表 5-38 操作，同时做复管。

表 5-38　血清铁蛋白测定

加入物（μL）	对照管标准液（ng/100 μL）						测定管	
	0.50	1.50	3.00	6.25	12.50	25.00		
标准液	—	100	100	100	100	100	100	—
PB 溶液	400	300	300	300	300	300	300	350
样品标本	—	—	—	—	—	—	—	50
抗铁蛋白血清	100	100	100	100	100	100	100	100
完全混合后在 37 ℃恒温水浴中 60 min								
^{125}I 铁蛋白	100	100	100	100	100	100	100	100
充分混匀，置 4 ℃冰箱 48 h								
第二抗体	100	100	100	100	100	100	100	100
充分混匀，置 4 ℃冰箱 24 h 后，测定标准液放射性总 cpm 值；以 4 000 r/min 离心沉淀 15 h，吸去上清液，测沉淀 cpm 值。								

（2）按照下列公式计算各测定管的 B/T（%）。

B/T(%)=(各管沉淀 cpm 值-本底 cpm 值)/(总计数 cpm 值-本底 cpm 值)×100；

（3）标准曲线绘制。以各标准管 B/T（%）作为纵坐标，标准铁蛋白浓度作为横坐标，绘制标准曲线。

（4）铁蛋白含量。根据各样本 B/T（%），从标准曲线查出相应铁蛋白含量，再乘以 2，结果为待测样品中铁蛋白含量。

4. 正常参考范围

男性：27～329 μg/L，女性：9～125 μg/L。

实验六　血清转铁蛋白受体（sTfR）的测定

1. 实验原理

采用定量夹心酶联免疫法，将转铁蛋白受体（transferrin receptor，TfR）特异多抗包被在 36 孔板上，用标准品和未知样品与转铁蛋白受体多抗进行反应。然后加入酶标记的对转铁蛋白受体具有特异性的多抗，使之与抗原复合物进行反应，洗板去掉未与酶标记多抗结合部分，再加入底物使之与酶联复合物发生颜色反应。颜色的深浅与转铁蛋白受体的多少成正比。

2. 仪器与试剂

（1）测试仪器。酶标仪、经转铁蛋白受体多抗包被的 96 孔板。

（2）试剂配制。

① 酶标试剂：辣根过氧化物酶标记的转铁蛋白受体抗体。

② 不同浓度的转铁蛋白受体标准品。

③ 洗板液：pH7.4 的 PBS+1%BSA。

④ 底物 1（四甲基苯希丁）和底物 2（2%过氧化氢）。

⑤ 终止液（0.5%mol/L 硫酸）。

3. 操作方法

（1）将试剂盒从冷藏环境中取出，在室温平衡 15~30 min。按照试剂盒中的要求用标准品稀释液配制不同浓度的标准品，用样品稀释液将被测血清进行稀释等。

（2）按照表 5-39 的加样程序进行操作。

表 5-39 Elisa 法加样程序表

试剂（μL）	酶标板孔		
	空白孔	标准品孔	被测样品孔
标准品	—	100*	
被测样品	—		100*
用封板膜封板后，置 37 ℃温育 120 min**			
小心揭掉封板膜，弃去液体，甩干，每孔加满洗涤液，静置 30 s 后弃去，如此重复 5 次，拍干			
酶标试剂	—	100	100
用封板膜封板后，置 37 ℃温育 120 min**			
小心揭掉封板膜，弃去液体，甩干，每孔加满洗涤液，静置 30 s 后弃去，如此重复 5 次，拍干			
底物 1+底物 2	100	100	100
轻轻震荡混匀，室温孵育 30 min			
终止液	100	100	100

注：不同种类或不同厂家生产的试剂盒，* 加样量有可能不同，** 温育时间有可能不同；所以在实验前必须认真阅读试剂盒说明书，严格按照说明书上的要求操作。

（3）以空白空调零，630 nm 波长依序测量各孔的吸光度（*OD* 值）。测定应在加终止液后 15 min 以内进行。

（4）计算。以标准物的浓度为横坐标，*OD* 值为纵坐标，在坐标纸上绘出标准曲线，根据样品的 *OD* 值由标准曲线查出相应的浓度，再乘以稀释倍数；或用标准物的浓度与 *OD* 值计算出标准曲线的直线回归方程式，将样品的 *OD* 值代入方程式，计算出样品浓度，再乘以稀释倍数，即为样品的实际浓度。

4. 正常值参考范围

以不同浓度标准品的 A 值绘制标准曲线，通过标准曲线查出未知标本的转铁蛋白受体水平。各实验室应根据试剂说明书上的参考值进行判断。

5. 注意事项

（1）标本采集后迅速分离血清或血浆，置-20 ℃保存，避免反复冻融。

（2）所有标本在测定前均应进行不少于 1∶100 的稀释。

（3）底物 1+底物 2 混合后在 30 min 内使用。

第六部分　运动生物化学常用仪器及技术

6

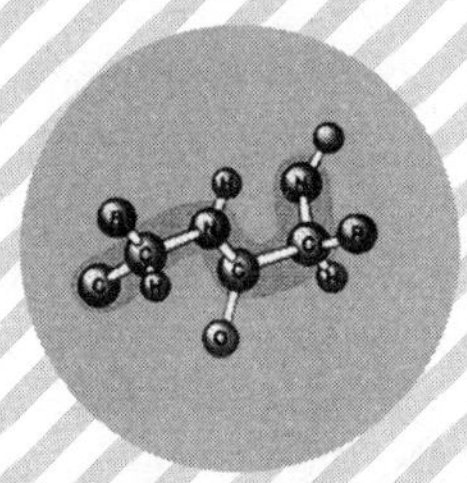

一、721、722、752 分光光度计

（一）基本原理

光线是高速运动的光子流，也是具有波长和频率特征的电磁波。光子的能量与频率成正比，与波长成反比。肉眼可见的光线称为可见光，它只占电磁波谱的很窄部分（400 nm~760 nm）。不同波长的可见光具有不同的颜色，波长大于 760 nm 的光线称为红外线，波长小于 400 nm 的光线称为紫外线。

当一束白光通过一杯有颜色的溶液时，一定波长的光线可被溶液选择性地吸收。不同物质由于其分子结构不同，对不同波长光线的吸收能力不同，因此每种物质都具有其特异的吸收光谱。吸收光谱的测定可以用来鉴定各种不同的物质。例如，核黄素之所以呈现黄色，是由于它仅吸收可见光中的蓝光，并测得其吸收峰在 450 nm（图 6-1）。在紫外光范围它还有两个吸收峰，分别是 260 nm 和 370 nm。

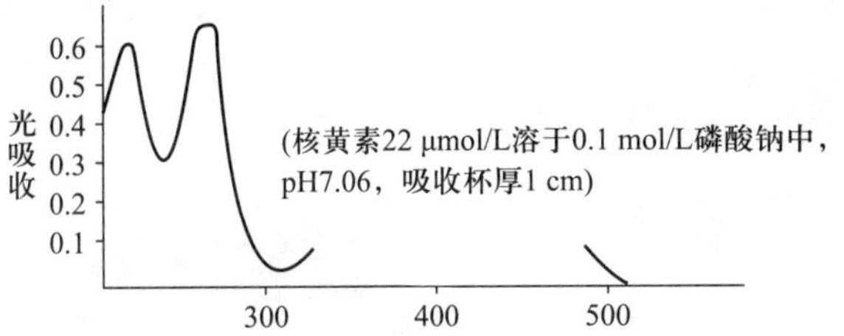

图 6-1　核黄素 200~500 波长的吸收光谱

分光光度法常被用来测定溶液中存在的光吸收物质的浓度，其理论依据是郎伯—比尔（Lambert-Beer）定律。

（二）郎伯定律（Lambert’s Laws）

一束单色光在通过一溶液时，由于溶液吸收一部分光能，使光的强度减弱。若溶液的浓度不变，则溶液的厚度愈大，光强度的减弱也愈显著（图 6-2）。

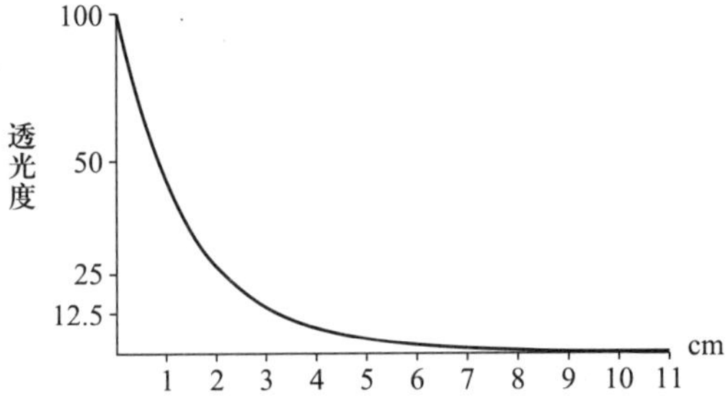

图 6-2　光吸收与溶液厚度之间的关系

从图 6-2 可知，透过溶液后，光强度的减弱（I/I_0）与溶液厚度（L）并不呈简单的正比关系，而是呈指数函数关系，这一关系就是郎伯定律。

（三）比尔定律（Beer's Law）

当一束单色光通过一溶液时，若溶液的厚度不变，则溶液浓度愈高，光线强度的减弱也愈显著，这种光强度与溶液浓度的关系称为比尔定律。

虽然所有的溶液均符合郎伯定律，但并非所有的溶液都符合比尔定律。这是由于有些物质在不同浓度条件下其颜色可能发生改变，即在不同浓度条件下其吸收光的波长发生改变，其常见的原因主要包括以下几个方面：

（1）有些有色物质在溶液中可能解离成相应的离子，离子的颜色与分子的颜色不同，造成对比尔定律的误差。

（2）有些物质在较高浓度状态下可形成络合物，络合物使吸收光谱发生改变。例如，氯化钴在稀溶液中呈玫瑰色，而在浓溶液中呈蓝色。

$$CoCl_2+CoCl_2 \rightarrow Co^{2+}(CoCl_4)^{2-}$$

玫瑰色　　　　　　蓝色

（3）H^+浓度和电解质也可引起一些有色物质颜色的改变，这些改变也可能造成比尔定律的误差。

（四）郎伯-比尔定律及其应用

一般将通过溶液后的光线强度（I）和入射光（I_0）的比值称为透光度（transmittance，T），用光密度（optical density，O. D. 或 D）表示，以反映该溶液对光吸收的情况。有时也用吸光度（absorbance，A）表示。

对于相同物质和相同波长的单色光（消光系数不变）来说，溶液的光密度和溶液的浓度呈正比。如果已知标准溶液的浓度，则可根据测得的光密度值，按相应的公式求得待测溶液的浓度。

实际工作中为简便起见，常常不是每测一个待测样品都做一个标准管，而是事先测定一系列不同浓度的标准管，然后以光密度对标准浓度作图，得到标准曲线，测得待测物质的光密度后，便可从标准曲线上查到相应的浓度数值。

（五）分光光度计的结构原理

无论光度计（Photometers）、比色计（Colorimenters）还是分光光度计（Spectrophoto-meters），其基本结构原理都是相似的，都由光源、单色光器、狭缝、吸收杯和检测器系统等部分组成（图 6-3）。

1. 光源

一个良好的光源要求具备发光强度高、光亮稳定、光谱范围广和使用寿命长等特点。几乎所有的光度计都采用稳压调控的钨灯（tungsten lamp），适用于做 340~900 nm 范围的光源。更先进的分光光度计外加有稳压调控的氢灯

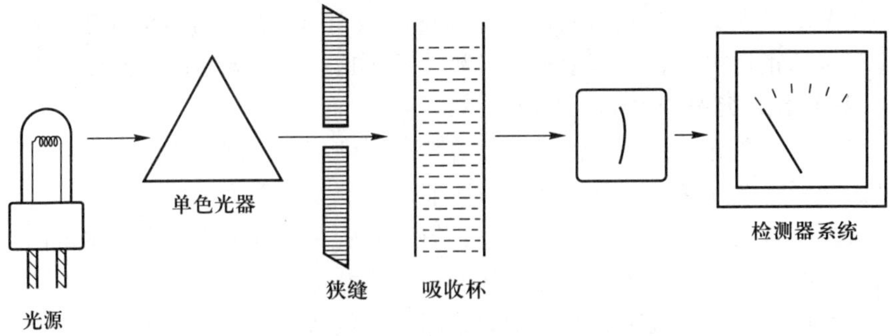

图 6-3　光度计或分光光度计结构原理

（hydrogen lamp），适用于做 200～360 nm 的紫外分光分析的光源。

2. 单色光器

分光光度法测定某一物质的光密度需要在某一特定波长下进行，而单色光器的作用在于根据需要选择一定波长范围的单色光。在实际工作中欲选择出单个波长的光线是困难的。所谓单色光是指在此波长有最大发射，而在相邻较长和较短波长范围内的发射能量较少而言。单色光的波长范围愈窄，仪器的敏感度愈高，测量的结果愈可靠。

最简单的单色光器是光电比色计上所采用的滤光片（一定颜色的玻璃片）。由于通过光线的光谱范围较宽，所以光电比色计的分辨效果较差，但对比色分析还是可以得到较为满意的效果。棱镜（Prism）的衍射光栅（diffraction grating）是较好的单色光器，它们能在较宽光谱范围内分离出相对单一波长的光线（图 6-4）。

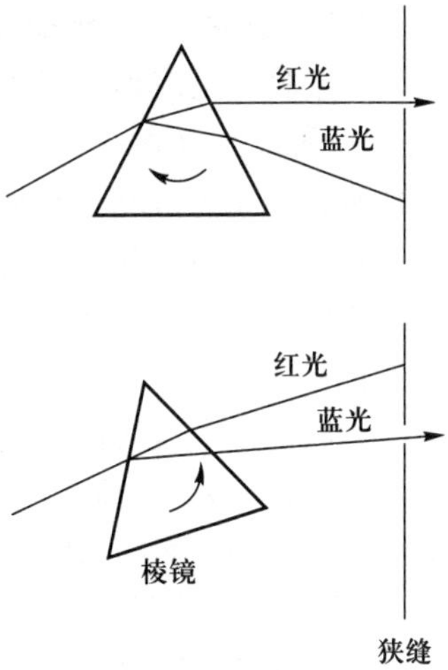

图 6-4　用棱镜产生单色光

3. 狭缝

通过单色光器发射的光强度可能过强也可能过弱，不利于进一步检测。狭缝是由一对隔板在光通路上形成的狭缝，通过调节狭缝的大小来调节入射单色光强度并使入射光形成平行光线，以适应检测器的需要。光电比色计的狭缝是固定的，而光度计和分光光度计的狭缝大小是可调的。

4. 吸收杯

吸收杯又叫样品杯（sample cell），是光度测量系统中最重要的部分之一。在可见光范围内测量时选用光学玻璃吸收杯，在紫外线范围内测量时要选用石英吸收杯。注意保护吸收杯的质量是取得好的分析结果的重要条件之一，不得用粗糙、坚硬物质接触吸收杯，不能用手指握取吸收杯的光学面，用后要及时用水冲洗，不得残留测定液，尤其是蛋白质和核酸溶液。

5. 检测器系统

硒光电池、光电管或光电倍增管等光电元件常用来作为受光器，将通过吸收杯光线（I）的能量转变成电能，再用适当的方法测量所产生的电流。

光电比色计用硒光电池为受光器。硒光电池的光敏感性低，它不能检出强度非常弱的光线，而且对波长在 270 nm 以下和 700 nm 以上的光波不敏感。

较精密的分光光度计是采用真空光电管或光电倍增管作为受光器的，并采用放大装置以提高敏感度。虽然光谱范围狭窄的单色光的能量比范围宽的弱很多，但这种有放大线路的灵敏检测系统仍可能准确地检测出来。

（六）几种常用的国产分光光度计

分光光度计是利用物质对光的吸收来确定物质含量的仪器，它的类型较多，有 721 型分光度计、722 型光栅分光光度计、730 型双光束紫外—可见分光光度计、7650 型双光束分光光度计等。

1. 721 型分光光度计

721 型分光光度计是一种采用光电管为受光器的较高级可见光分光光度计。

（1）721 型分光光度计的结构原理。如图 6-5 所示，由稳压电源供电的光源灯发出稳定的白光，经反射镜投入狭缝，再经准直镜反射进入棱镜，在棱镜中发生色散后，光线经铝面反射后，其中一部分经原路返回，并穿过狭缝，透过反射镜进入吸收杯。从吸收杯射出的光线再经光门射到光电管上，产生相应的电流，并经电流表指示出相应的刻度值。

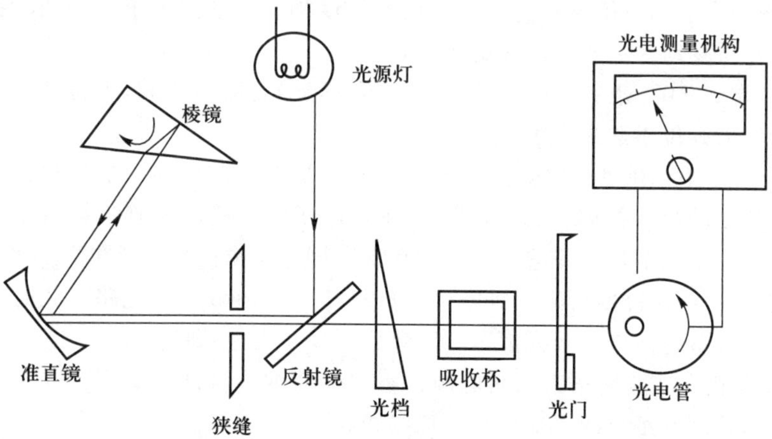

图 6-5 721 型分光光度计结构示意图

其中色散棱镜装在一个可以转动的圆盘上，旋转波长选择钮可使之发生偏转，使不同波长的光线通过狭缝形成一定波长的单色平行光线。同时，波长盘也随之转动以指示波长数字。此型分光光度计给出 360~800 nm 范围的波长，在 410~710 nm 之间灵敏、适用。721 型分光光度计外观如下所示（图 6-6）。

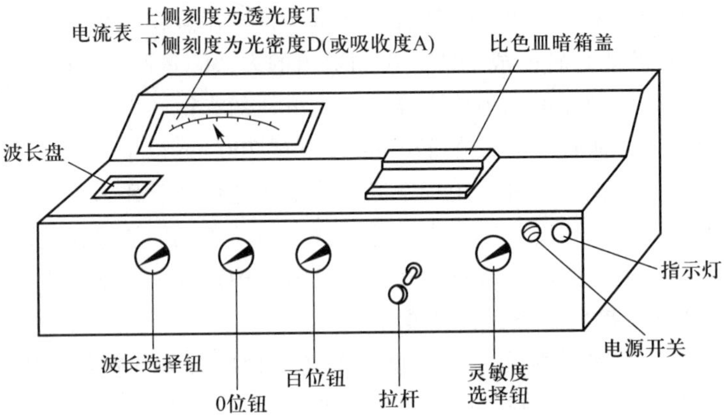

图 6-6　721 型分光光度计外观

（2）分光光度计的操作步骤。

① 预热仪器：为使测定稳定，将电源开关打开，使仪器预热 20 min，为了防止光电管疲劳，不要连续光照。预热仪器时和不测定时应将比色皿暗箱盖打开，使光路切断。

② 选定波长：根据实验要求，转动波长调节器，使指针指示所需要的单色光波长。

③ 固定灵敏度档：根据有色溶液对光的吸收情况，为使吸光度读数为 0.2~0.7，选择合适的灵敏度。为此，旋动灵敏度档，使其固定于某一档，在实验过程中不再变动。一般测量固定在“1”档。

④ 调节“0”点：打开比色皿暗箱盖，轻轻旋动调“0”电位器，使读数表头指针恰好位于透光度为“0”处。

⑤ 调节 T=100%：将盛蒸馏水（或空白溶液或纯溶剂）的比色皿放入比色皿座架中的第一格内，有色溶液放在其他格内，把比色皿暗箱盖子轻轻盖上，转动光量调节器，使透光度 T=100%，即表头指针恰好指在 T=100%处。

⑥ 测定：轻轻拉动比色皿座架拉杆，使有色溶液进入光路，此时表头指针所示为该有色溶液的吸光度 A。读数后，打开比色皿暗箱盖。

⑦ 关机：实验完毕，切断电源，将比色皿取出洗净、烘干，并将比色皿座架及暗箱用软纸擦净，盖好比色皿暗箱盖。

（3）注意事项。

① 为了防止光电管疲劳，应尽量缩短比色时间。不测定时必须打开比色皿暗箱盖，使光路切断，以延长光电管使用寿命。

② 注意比色皿的使用方法：拿比色皿时，手指只能捏住比色皿的毛玻璃面，不要触碰比色皿的透光面，以免沾污。比色皿外壁的水用擦镜纸或细软的吸水纸吸干，以保护透光面。

测定有色溶液吸光度时，一定要用有色溶液洗比色皿内壁几次，以免改变有色溶液的浓度。如比色液为强酸强碱，应尽快比色，以防破坏比色杯。

每次做完实验时，应立即洗净比色皿。清洗比色皿时，一般先用自来水冲洗，再用蒸馏水洗净。如比色皿被有机物沾污，可用盐酸-乙醇混合洗涤液（1∶2）浸泡片刻，再用水冲洗。不能用碱溶液或氧化性强的洗涤液洗比色皿，以免损坏。也不能用毛刷清洗比色皿，以免损伤它的透光面。

在实际分析工作中，通常根据溶液浓度的不同，选用液层厚度不同的比色皿，使溶液的吸光度控制在 0.2～0.7。

③ 在测定一系列溶液的吸光度时，通常都按由稀到浓的顺序测定，以减小测量误差。

④ 光电比色计属精密仪器，应精心爱护使用，要防震、防潮、防腐蚀。为防光电管暗盒受潮造成放大器不稳而使电表抖动，仪器底部干燥剂一旦变色应立即更换或烘干。

2. 722 型分光光度计使用方法

（1）灵敏度调节旋钮置于“1”档，此时信号放大倍率最小，选择开关置于“T”。

（2）按下电源开关，指示灯亮，仪器预热 20 min。

（3）调节波长旋钮，使所需波长对准标线。调节 100%T 按钮，使透射比为 70%左右。

（4）待数字显示器实现数字稳定后，打开试样室盖，调节 0%T 按钮，使数字显示为“000.00”。

（5）将盛有参比溶液和待测液的吸收池分别置于试样架的第一格和第二格内，盖上试样室盖，将参比溶液置于光路中，调节 100%T 旋钮，若数字显示不到 100.0，则应适当增加灵敏度档。

（6）重复（4）、（5）操作，直到显示稳定。

（7）选择开关置于“A”档，调节吸光度调零旋钮，使数字显示为“0.000”。将待测液置于光路中，显示此溶液的吸光度。

（8）若测量浓度，将选择开关置于“C”，将已知浓度的溶液置于光路中，调节浓度旋钮，使数字显示为标准值，将待测溶液移入光路，显示值即为待测溶液浓度。

（9）测量完毕，打开试样室盖，取出吸收池，洗净擦干。然后关闭仪器电源，待仪器冷却后，盖上试样室盖，罩上仪器罩。

3. UV-754 型分光光度计

UV-754 型分光光度计是一种可供在紫外到红外区（200~1000 nm）测量吸收光谱的较高级的分光光度计。

（1）UV-754 型分光光度计的结构原理。UV-754 型分光光度计的光学部分与 721 型分光光度计相似，但它采用石英棱镜作单色光器，有钨丝灯和氢弧灯两种光源。UV-754 型分光光度计的电学部分较为复杂（图 6-7）。光电流经过放大线路放大后，此时得到的样品信号变为与透光率成比例的值。其后，调零、变换对数、浓度计算、打印数据等均由微处理机进行。

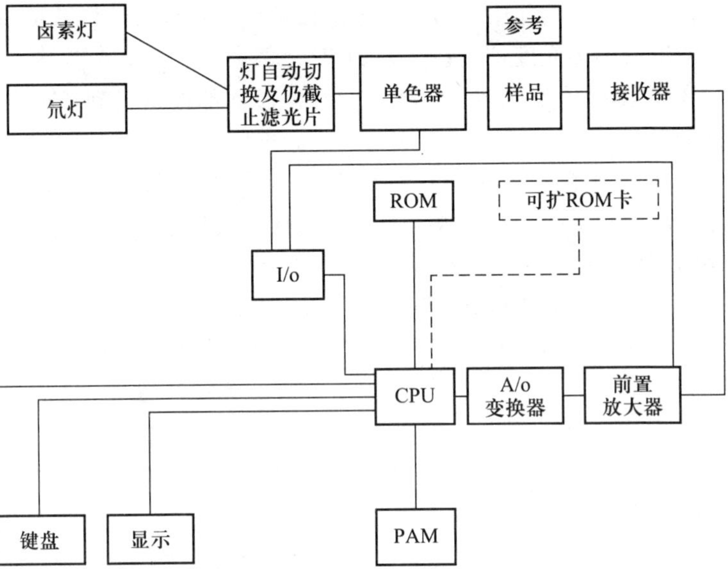

图 6-7　UV-754 电气系统

（2）仪器的使用方法。

① 测试准备：打开电源开关之前，检查一下试样室是否放置遮光物，试样槽是否放在“参考”位置。

② 接电源开关（如果波长工作在 200~360 nm 时需按氘灯触发按钮），显示器显示“754”后，数字显示为“100.0”，则表示仪器已通过自检程序。仪器预热 30 min 后开始测试。

③ 测试：数显为 100.0 后，稳定 2~3 s，即可把试样槽置“样品”位置进行测试。待第一个数据打印完毕后，再将试样槽置第二个“样品”位置测试。

（3）注意事项。

① 每当需要调换波长时，必须把试样槽置“参考”位置，重新调零。

② 如果大幅度设定测试波长时，需等待数分钟后，才能工作。因这时光能量变化急剧，光电管受光后响应缓慢，需一段光响应平衡时间。

二、荧光分光光度计

（一）荧光分析法

当某些物质受到电磁辐射激发时，能重新发射出相同或较长波长的光，这种现象称为光致发光。荧光是光致发光现象中最常见的类型，如果停止照射，则荧光很快（$<10^{-6}$ s）消失。

通常所观察到的荧光现象是指物质吸收了波长较短的紫外光后发出波长较长的可见荧光。实际上，荧光现象并不限于上述情况。有些物质吸收了紫外光，仍然发出波长稍长的紫外荧光。有些物质吸收了比紫外光波长短得多的X射线，然后发出波长比所吸收的X射线的波长稍长的X射线荧光，据此而建立了X射线荧光分析法。

通过测量荧光的强度，可用于定量测定许多无机和有机物质，它已成为一种很有用的分析方法。近年来产生了许多新的荧光分析方法，例如，低温荧光法、固体表面荧光法、同步荧光法、导数荧光法以及偏振荧光法等。它们在分子水平上研究生物活性物质的结构、功能、酶动力学以及生化作用机理等方面有着广泛的应用。

1. 荧光分析法的基本原理

分子吸收光子后能量升高，从基态跃迁到激发态，当从激发态回复到基态时，可能以热或光辐射的形式释放能量。跃迁过程中分子内电子自旋多重性未发生变化时产生的荧光，寿命很短，一般约为1.6 ms；自旋多重性发生改变时产生的荧光，寿命相对较长。荧光可分为原子荧光和分子荧光。

荧光通常发生于具有π-π电子共轭体系的分子中，这些分子吸收了光而被激发，使电子从基态上升至激发态，分子在此较高能级时，它能处于某一种振动状态。该分子通过与同类分子或溶剂分子、其他混合物的分子的碰撞而失去振动能量，通常急剧降低至电子第一激发态中的最低振动能级。在此过程中，由于上述碰撞而消耗了与这些能级之间的能量差所相当的能量，因而不发出光，即发生无辐射跃迁，如图6-8所示。然后，再从电子第一激发态中的最低振动能级通过发出振幅的形式，继续跃迁回基态的各振动能级，并以光的形式放出能量，此时所发出的即为荧光。在基态时，分子再经过与溶剂分子碰撞失去一部分能量，最终回到最低振动能级。经特定波长的光照之后能发出荧光的物质称为荧光物质。造成荧光物质产生荧光的电磁辐射称为激发光，其波长称为激发波长。由于发生荧光时所放出的能量比从入射光所吸收的能量略小些，所以荧光的波长比入射光的波长稍长些。

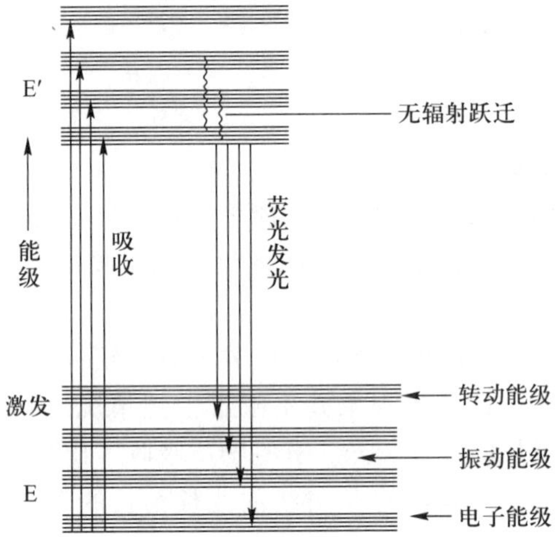

图 6-8　荧光光谱能级跃迁示意图

在荧光分析中，常采用汞弧灯或氙弧灯为光源，以紫外光区及可见光区的射线为激发光，而发生荧光则多在可见光区。

对于浓度较低的溶液，荧光物质发射的荧光强度与吸收激发光的强度成正比。荧光强度和浓度的关系为：$F=KI_0kcb$（F 为是通过厚度为 b 的荧光物质溶液后的荧光强度；K 为比例常数；I_0为入射光强度；k 为吸光系数，它的大小取决于荧光物质的量子效率，即发射光子数与吸收光子数之比，它随荧光物质的不同而异；c 为溶液中荧光物质的浓度；b 为液层厚度）。

在固定的液层厚度下，如果荧光物质的浓度很低，则荧光的强度 F 和溶液的浓度 c 成正比（$F=K'c$），即为荧光分析的定量分析依据。

2. 荧光分析的条件

研究荧光与荧光体结构的关系以便能把非荧光物质转变为荧光物质，把弱荧光物质转变为强荧光物质。

研究某荧光物质的激发光谱和发射光谱，荧光激发光谱是指通过测量荧光物质的发光通量随激发光波长变化而获得的光谱，它反映了不同波长激发光引起荧光的相对效率。荧光发射光谱是在激发光波长和强度不变条件下，荧光物质所产生的荧光的强度与波长的关系，它可用于鉴别荧光物质，也是荧光分析中确定荧光波长的依据。

（1）溶剂的极性。同种荧光物质在不同的溶剂中，其荧光光谱和荧光强度都不同。因此应该研究溶剂极性对荧光的影响以确定测定的最佳溶剂。

（2）溶液的酸碱度。某些荧光物质是弱酸或弱碱，改变酸碱度可能使荧光物质浓度或形态发生变化，故溶液的酸碱度对荧光强度、波长有影响，例如，萘酸、磺酸在 pH 为 4～6 时能产生蓝色荧光，而其他条件则无荧光。

（3）温度。在一般情况下升高温度可以加剧荧光分子之间的碰撞，使高能级分子的内能转换加快，以热辐射形式放出能量从而降低荧光强度。

（4）其他因素。在很多情况下，共存物对荧光的产生以及荧光光谱可能有影响，这种影响是多方面的，最主要的是共存物对荧光的熄灭作用。

3. 优点

（1）灵敏度高。测定下限比紫外-可见吸光光度法低 2～4 个数量级，在 10^{-6}～10^{-9} g之间。因为荧光分析是在与激发光垂直的方向上观察光的强度，因此它不会受激发光强度的干扰。一旦荧光产生，就能辨别，所以有利于提高测定的灵敏度。

（2）选择性高。比紫外-可见吸光光度法的选择性好。因为凡是能发生荧光的物质，首先必须吸收一定频率的激发光，而吸收光的物质不一定会发生荧光。即使对于某一给定波长的激发光，不同的物质所发出的荧光波长也不尽相同。因此只要控制激发光的波长，并通过单色器分离出荧光发射波长，就不难得到选择性好的结果。

（3）方法简便、快速、重现性好、取样量少，甚至可直接将试样（不加任何试剂）在紫外光照射下进行测定。既可作为定性鉴定，也可用于定量测定。

4. 缺点

（1）荧光分析法的应用仍不如吸光光度法广泛，其原因在于有许多物质不会产生荧光，仅有限数量的物质能产生荧光。尤其是许多无机盐发生的荧光还在可见光的范围内。

（2）测定时干扰因素较多，如干扰化合物、溶剂、温度、溶液 pH、放置时间等，它们影响了荧光的强度。因此在测定时，对这些因素都应严格控制。

随着荧光分析法的不断研究、实践和发展，可用分子探针技术，并利用一些特殊试剂（荧光染料）与原来不能发射荧光的物质反应后生成具有荧光的配合物，即可进行荧光分析，特别对于生物大分子的研究具有重要意义。

5. 荧光分析法的应用

荧光分析法在生物化学及生理学方面的应用极为广泛。主要是因为荧光分析法对于生物上许多重要的化合物具有很高的灵敏度和较好的特效性。因此，虽然生物液体的组成十分复杂，而其中许多化合物仍可不经分离进行分析。而且，荧光分析法为在分子水平上研究细胞过程，即研究生物活性物质之间的相互作用，以及研究蛋白质的结构和机能方面提供了一种极好的分析方法。荧光分析法不仅可用于蛋白质和氨基酸的研究，而且还用来研究嘧啶、嘌呤和核酸等一类的生物化合物。吖啶染料和稠环芳烃化合物与核酸相结合后也有发生荧光的特性。由于这些物质具有致癌的性质，因此，它们的测定应特别重视。

荧光分析法是定性和定量分析酶和辅酶以及研究酶动力学和机理方面的重要分析方法。在这类研究中由于该方法的高灵敏度和高选择性，使其有可能在生物组织中不经分离而直接进行测定。

在生理学的研究工作中，所遇到的分析对象常常是分子庞大而结构复杂的化合物，如甾族化合物、蛋白质和酶等，它们都能发生荧光，因此可用荧光进行测定。在紫外光和可见光照射下能发生荧光的无机元素不多，但由于很多金属或非金属的无机离子可以同一些有机化合物形成有荧光的配合物，然后测量它们所发射的荧光即可进行定量分析。能以该方式进行测定的元素有：Al、Au、B、Be、Ca、Cd、Cu、Mg、Pb、Ru、S、Sb、Se、Si、Sn、Ta、Th、Te、W、Zn 和 Zr 等。由于猝灭效应，F^-和 CN^-等能使其他物质的荧光减弱，据此可用于 F^-和 CN^-等浓度的测定。

（二）荧光分光光度计的组成

荧光分光光度计的逻辑工作图与一般分光光度计相似，所不同的是检测器所处的位置，接受荧光信号的仪器或进光窗口处于与入射光线路相垂直的方向上，荧光分析法所使用的比色皿为正方形截面的石英比色皿。用于测量荧光的仪器种类很多，从简单的滤光计到复杂、精密的荧光分光光度计，都包含以下基本部件（图 6-9）。

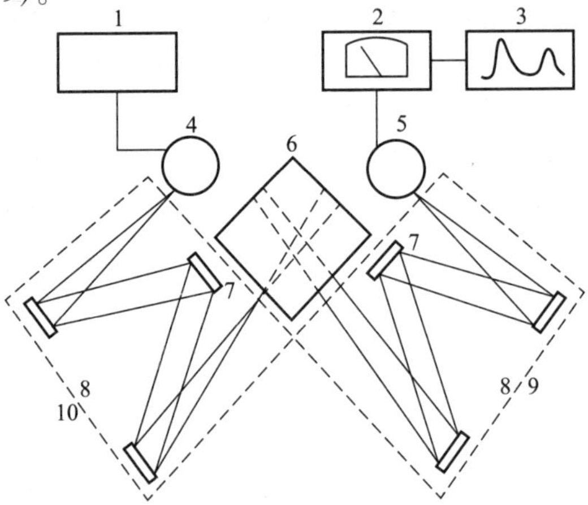

图 6-9　荧光光度计光路示意图

1. 电源　2. 光度计　3. 记录仪　4. 光源　5. 光电倍增管
6. 样品池　7. 光栅　8. 反射镜　9. 发射单色器　10. 激发单色器

1. 激发光源

荧光测量中所用的激发光源要求强度大，通常用汞弧灯或氙灯在200~800 nm区域内发射连续光谱。新型光源有染料激光器。

2. 样品池

荧光分析用的样品池为石英材料制成，以正方形或长方形为宜。因为散射光的干扰较少，也有用圆形的样品池。低温荧光的测定则在样品池外套上一个贮有液氮的石英透明的真空瓶。

3. 检测器

荧光的强度通常较弱，因此要求采用高灵敏度的检测器，可用光电倍增管作检测器。

4. 滤光器和单色器

在荧光计中使用干涉滤光器或吸收滤光器。荧光光度计中有两个光栅单色器，分别可从荧光试样获得激发光谱和荧光发射光谱。其中一个单色器用于选择激发光的波长，另一个单色器可选择投射到检测器上的荧光波长。

为了获得正确的荧光光谱，必须将光源强度、单色器透光效率和检测器灵敏度随波长的变化进行校正。现代的荧光光度计对这些变化能进行自动补偿。

（三）Cary Eclipse 型荧光分光光度计的操作规程

1. 样品准备

（1）液体样品需检查浓度范围是否合适，如果需要稀释，则要考虑所需溶剂类型和稀释倍数。

（2）固体样品均匀，粉末、片状或具有光滑平面的块状样品，均可直接测定。

2. 使用操作步骤

（1）接通电源，打开计算机，打开主机电源。主机同时会发出吱吱的响声，表示脉冲电源正常工作。

（2）双击“Cary Eclipse”图标进入该程序，双击“Scan”快捷键，进入“Scan-Online”状态。

（3）点击“Setup”图标，选择模式，设置激发和发射波长范围、扫描速度、储存方式等参数，按“OK”返回。

（4）点击“Zero”图标，调节基线零点。

（5）打开主机盖板，将待测样品倒入荧光比色皿，将比色皿外表用卷纸吸干后，放入比色皿架，关上盖板，点击“Start”图标，扫描激发或发射谱图。

（6）在“Graph”下拉菜单中的“Maths”操作中可对谱图进行数学处理。

（7）测试完成后，取出比色皿，洗净。关上主机盖板。

（8）关闭电脑，关主机电源和总电源。

3. 注意事项

（1）溶液中的悬浮物对光有散射作用，必要时应用垂熔玻璃滤器滤过或用离心法除去。

（2）温度对荧光强度有较大影响，测定时应控制温度一致。

（3）测定时需注意溶液 pH 和试剂的纯度等对荧光强度的影响。

（4）所用玻璃仪器与荧光池必须保持高度洁净。

三、酶标仪

（一）酶免疫分析技术

酶免疫分析技术（enzyme immunoassay，EIA）是继荧光免疫技术和放射免疫技术之后建立的一种非放射性免疫技术，是将抗原抗体反应的高度特异性和酶的高效催化作用相结合，发展建立的一种非放射性标记的免疫性标记分析方法。酶免疫分析系统则属于开放式的，符合标准的各种品牌的 ELISA 试剂盒均可应用。ELISA 是一种敏感性高、特异性强、重复性好的实验诊断方法，由于其试剂稳定、易保存、操作简便、结果判断较客观等因素，以及既适于大规模筛查试验又可以用于少量标本的检测，既可以做定性试验也可以做定量分析等优点，已广泛应用于内分泌学、微生物学、寄生虫学、肿瘤学和细胞因子等领域。

（二）酶标仪简介

酶标仪即酶联免疫检测仪，是酶联免疫吸附试验的专用仪器，又称微孔板检测器。可简单地分为半自动和全自动两大类，但其工作原理基本上都是一致的，其核心都是一个比色计，即用比色法来进行分析。测定一般要求测试液的最终体积在 250 μL 以下，用一般光电比色计无法完成测试，因此对酶标仪中的光电比色计有特殊要求。

（三）酶标仪原理

酶标仪实际上就是一台变相光电比色计或分光光度计，其基本工作原理与主要结构和光电比色计基本相同。图 6-10 是一种单通道自动进样的酶标仪工作原理图。光源灯发出的光波经过滤光片或单色器变成一束单色光，进入塑料微孔极中的待测标本。该单色光一部分被标本吸收，另一部分则透过标本照射到光电检测器上，光电检测器将这一待测标本不同而强弱不同的光信号转换成相应的电信号。电信号经前置放大，对数放大，模数转换等信号处理后送入微处理器进行数据处理和计算，最后由显示器和打印机显示结果。微处理机还通过控制电路来控制机械驱动机构 X 方向和 Y 方向的运动来移动微孔板，从而实现自动进样检测过程。而另一些酶标仪则是采用手工移动微孔板进行检测，因此省去了 X、Y 方向的机械驱动机构和控制电路，从而使仪器更小巧，结构也更简单。

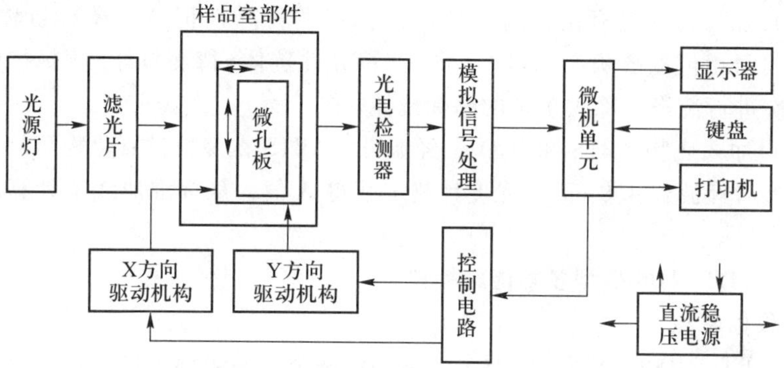

图 6-10　单通道自动进样的酶标仪工作原理图

微孔板是一种经事先处理专用于放置待测样本的透明塑料板，板上有多排大小均匀一致的小孔，孔内都包埋着相应的抗原或抗体，微孔板上每个小孔可盛放零点几毫升的溶液。

酶标仪测定的原理是在特定波长下，检测被测物的吸光值。随着检测方式的发展，拥有多种检测模式的单体台式酶标仪叫做多功能酶标仪，可检测吸光度（Abs）、荧光强度（FI）、时间分辨荧光（TRF）、荧光偏振（FP）和化学发光（Lum）。

酶标仪从原理上可以分为光栅型酶标仪和滤光片型酶标仪。光栅型酶标仪可以截取光源波长范围内的任意波长，而滤光片型酶标仪则根据选配的滤光片，只能截取特定波长进行检测。检测单位光通过被检测物，前后的能量差异即是被检测物吸收掉的能量，特定波长下，同一种被检测物的浓度与被吸收的能量成定量关系。

在特定波长下测定每一种物质都有其特定的波长，在此波长下，此物质能够吸收最多的光能量。如果选择其他的波长段，就会造成检测结果的不准确。因此，在测定检测物时，应选择特定的波长进行检测，此波长称为测量波长。但是每一种物质对光能量还存在一定的非特异性吸收，为了消除这种非特异性吸收，应再选取一个参照波长，以消除这个不准确性。在参照波长下，检测物光的吸收最小。检测波长和参照波长的吸光值之差可以消除非特异性吸收。

（四）ELISA 测试原理

（1）将链霉亲和素包被的聚苯乙烯塑料试管安置固定。

（2）将生物素标记的特异性抗体和待测抗原加入链霉亲和素包被小管内，经温育，生物素和亲和素发生连接，待测抗原和特异性抗体发生结合，形成固相包被亲和素-生物素-特异性抗体-待测抗原复合物，然后进行洗涤，除去未结合的抗原和生物素标记抗体。

（3）加入辣根过氧化物酶（HRP）标记的特异性抗体（酶标抗体），经温育形成固相包被链酶亲和素-生物素-特异性抗体-待测抗原-酶标抗体复合物，再次进行洗涤，除去多余的酶标抗体。

（4）加入底物 ABTS 和 H_2O_2，经温育，ABTS 在辣根过氧化物酶的作用下显色，然后经波长 450 nm 的光度计测定获得 A 值，从标准曲线上计算出待测抗原的含量。

（五）RT-2100C 型多功能酶标仪

1. 仪器特点

（1）RT-2100C 型多功能酶标仪是一台网络化的酶标免疫测试分析仪，具有强大的网络功能，可与计算机网络连接，配合使用雷杜酶标实验室管理系统，可以在联网计算机上进行数据管理和分析，从而给工作带来极大的便捷。

（2）大屏幕汉化界面，利用触摸屏和笔作为输入方式，方便了用户的操作输入。

（3）100 个可编程的检验项目。

（4）多种定量、定性计算方法：吸光度模式、Cut-off 定性计算、单点定标、折线回归、多点百分比、线性回归、指数回归、对数回归、幂回归。

（5）96 孔可视化布板，空白位、对照位、样本位、标准品位任意设置，同一板上可同时进行最多 12 个项目的测试。

（6）8 通道检测迅速准确（<5 秒/板），测试前的震动混匀功能。

（7）大容量历史数据保存，最多可保存 500 个项目，1 000 个患者，10 000 条样本记录。

（8）形式多样的综合中文报告输出，支持多种品牌系列的外置打印机。

2. RT-2100C 型酶标仪操作步骤

（1）开机。插上电源，打开电源开关；待酶标仪正常自检完成后，屏幕显示主菜单界面，根据需要选择不同菜单项目。

（2）检测项目参数设置。根据实验需求，按照试剂盒要求设定各种参数；定性检测选择 cut-off 计算方法，定量检测可选择仪器提供的各种定量计算方法（多采用折线回归定量方法）；为提高检测的精确度，建议选择双波长。

（3）布板参数设置。样本测试前，根据需要依次对布板方向、进板方式、振板设置进行选择。然后，点击确定键进入 96 孔酶标板可视界面，在界面相对应的孔位依次设置空白、阳性对照、阴性对照、样本。

（4）检测。布板完成后，点击开始键，即开始走板测试。

（5）检测后。走板结束，系统进入吸光度显示窗口，点击结果键可显示每个样本的测定结果。点击打印键可打印整板结果。如需打印综合报告，可按返回键到主菜单，选择打印选项窗口。

（6）关机。关闭电源后，如需重新开机，应等待30s后再开机，否则会对仪器产生不利影响。

3. 注意事项

（1）请严格按照试剂盒的使用说明，规范操作。

（2）在测量过程中，请勿碰酶标板，以防酶标板传送时挤伤操作人员的手。

（3）请勿将样品或试剂洒到仪器表面或内部，操作完成后请洗手。

（4）如果使用的样品或试剂具有污染性、毒性和生物学危害，请严格按照试剂盒的操作说明，以防对操作人员造成损害。

（5）不要在测量过程中关闭电源。

（6）使用后盖好防尘罩，并收拾整理实验台面。

四、自动生化分析仪

20世纪50年代以来，由于基础科学，包括物理学、电子学和化学的飞跃发展，新型的分析仪器层出不穷，大大推动了生物化学检验的发展，但由于大多数由人工操作，费时费力，且误差较大，可重复性较小。到20世纪60年代中期，各种生化自动分析仪相继问世，可在一个小时内将上百个样品测定20个项目以上，大大提高了工作的效率。20世纪80年代以来，各种生物化学测定，如血糖、尿素、肌酐、蛋白质、血乳酸等干片法的出现，又使生物化学检验从离不开试剂的“湿生化”过渡到不需要水的“干生化”。这些新出现的方法和仪器为运动员的身体机能评定以及全民健身的科学化进行提供了更多的选择，更好地满足了运动员机能评定对及时、灵敏、方便、准确的需要。

（一）自动生化分析仪的性能与应用

所谓自动化分析仪就是将生化分析中的取样、加试剂、混合、保温反应、检测、结果计算、书写报告以及清洗等步骤的部分或全部由模仿手工操作的仪器来完成。它完全模仿并代替了手工操作，不仅提高了工作效率，而且减少了主观误差，稳定了检验质量。自动生化分析仪可进行定时法、连续监测法等各种反应类型的分析测定。除了一般生化项目测定外，有些还可进行激素、免疫球蛋白、血药浓度等一些特殊化合物的测定以及酶免疫、荧光免疫等分析方法的应用。由于这类仪器一般都具有简便、灵敏、准确、快速、节省、标准化和微量等优点，使得生化自动分析仪在生物学的生化分析中得到了广泛应用。

（二）自动生化分析仪的发展及类型

自20世纪50年代Skeggs首次介绍一种临床生化分析仪的原理以来，随着科学技术尤其是医学科学的发展，各种生化自动分析仪和诊断试剂均有了很大发展，根据仪器的结构原理不同，可分为连续流动式（管道式）、分立式、离心式和干片式四类；根据自动化程度可分为半自动生化分析仪和全自动生化分析仪。新型的自动分析仪常装有样品识别、自动加样、自动检测、数据处理、打印报告和自动报警等装置。

1. 管道式分析仪

管道式分析仪的特点是测定项目相同的各待测样品与试剂混合后的化学反应，是在同一管道中经流动过程完成的。将几个单通道管道式分析仪结合，对一个样品同时测定几个项目。著名的有12通道分析仪，命名为顺序多项自动分析仪，简称SMA12/60。

2. 分立式分析仪

所谓分立式，是指按手工操作的方式编排程序，并以有节奏的机械操作代替手工，各环节用送带连接起来，按顺序依次操作。分立式分析仪与管道式分析仪在结构上的主要区别为：前者各个样品和试剂在各自的试管中起反应，而后者是在同一管道中起反应；前者采用由采样器和加液器组成的稀释器来取样和加试剂，而不用比例泵；前者一般没有透析器，如要除蛋白质等干扰，需另行处理。恒温器必须能容纳需保温的试管和试管架，所以比管道式分析仪的体积要大。除此之外，其他部件与管道式的基本相似。

3. 离心式分析仪

离心式分析仪是1969年以后发展起来的一种分析仪，由Anderson设计，其特点是化学反应器装在离心机的转子位置，该圆形反应器称为转头，先将样品和试剂分别置于转头内，当离心机开动后，圆盘内的样品和试剂受离心力的作用而相互混合发生反应，最后流入圆盘外圈的比色槽内，通过比色计检测。这类分析仪特点是：

（1）在整个分析过程中，各样品与试剂的混合、反应和检测等每一步骤，几乎都是同时完成的，不同于管道式和分立式分析仪的“顺序分析”，而是基于“同步分析”的原理而设计。

（2）样品量和试剂量均为微量级（样品用1~50 μL，试剂120~300 μL），可快速分析（每小时可分析600个样品以上）。

（3）转头是这类分析仪的特殊结构。

4. 干片式分析仪

干片式分析仪是 20 世纪 80 年代问世的。首先 Eastman Kodak 公司以其精湛的化学工艺制造出了测定血清中血糖、尿素、蛋白质、胆固醇等的干式试剂片。当加上定量的血清后，在干片的背面产生颜色反应，用反射光度计检测即可进行定量分析。这类方法完全革除了液体试剂，故称干化学法。

5. 半自动生化分析仪

半自动生化分析仪指在分析过程中的部分操作（如加样、保温、吸入比色、结果记录等某一步骤）需手工完成，而另一部分操作则可由仪器自动完成。这类仪器的特点是体积小，结构简单，灵活性大，既可分开单独使用，又可与其他仪器配套使用，价格便宜，一般在分立式分析仪中较常见。这类仪器一般不受试剂、方法的限制，国产试剂、自己配制的试剂及自行设计的方法均可在仪器上进行检测，而且由于仪器的体积小、重量轻、操作方便、反应迅速，尤其适合中、小型检验单位作为日常生化检测的主要仪器，也适用于作急诊生化检测及外出执行任务时使用。

6. 全自动生化分析仪

全自动生化分仪，从加样到出结果的全过程完全由仪器自动完成。操作者只需把样品放在分析仪的特定位置上，选用程序并开动仪器即可等取检验报告。由于分析中没有手工操作步骤，故主观误差很小，且由于该类仪器一般都具有自动报告异常情况，自动效正自身工作状态的功能，因此系统误差也较小，给使用者带来很大的便利。这类仪器的功能全、灵活性大、易于操作，大多采用吸光度、荧光、光散、浊度测定技术和离子选择电极系统，用于常规生化、特殊蛋白和药物监测等检测，可随机安排程序，既可根据需要输入单一项目成批分析，临床医生又可根据患者病情的不同要求，进行多项组合分析；结果报告既能打印出每个项目的报告，也能打印出所做全部项目的累积报告。

（三）生化自动分析的原理及方法

生化分析常用方法根据其测定的原理（图 6-11）分类。一类是物理方法，是测定物质固有的物理特性。另一类是物理化学方法，也就是将所测定物质经过一些化学转化后再进行测定。动态法是在所测定的物质浓度在不断变化中，由传感器获得相应的改变的信号进行计算的方法。平衡法是由传感器得到相对不变的信号进行计算的方法。现在越来越多被临床生化应用的酶试剂方法，无论是用自动分析仪记录还是用分光光度计或普通比色计，都包括在动态法的范围内。

1. 平衡法（终点法）

这类方法的特点是被测物质（酶反应的底物）在酶反应过程中应完全被

转化或消耗掉，即达到反应的终点。通常这类方法操作简单，一般不需要作标准管，通过一些已知的理化常数（例如，摩尔吸光系数等）不难将结果计算出来。其缺点是反应时间较长，特别不适合于离心式自动分析仪。还有少数酶反应，底物并未完全消耗掉，只是达到一个动态平衡，此时，往往需要同时作标准管。

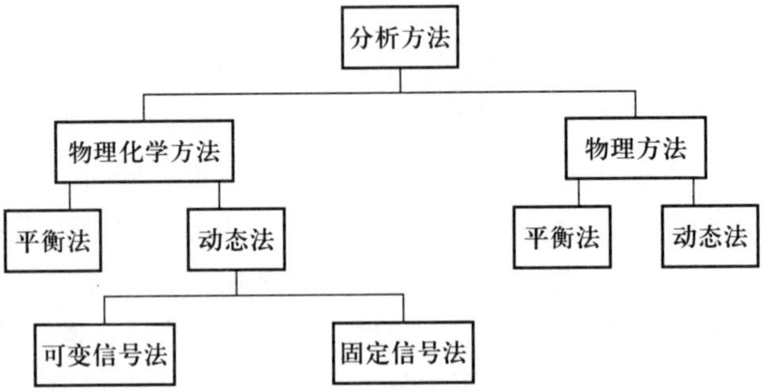

图 6-11　生化分析方法的分类

2. 动态法

动态法在自动分析仪中的应用十分广泛，一般可分为可变信号法和固定信号法两类。

（1）可变信号法。直接法即根据所得到的吸光度变化直接计算结果。由于对所收集数据多少有很大意义，所以又区分为一点法、二点法和多点法。一点法是在一个预先设置的时间测定各个标本吸光度。二点法则是在一点法基础上多测一点，即在酶反应仍未进行时的吸光度，和一点法相比可以通过空白测定扣除这部分误差，但是仍无法了解反应过程，避免不了延缓期或非线性反应所引起的误差。

（2）固定信号法。测定原理是随着反应进行，通过不断添加试剂使吸光度变化在很窄范围内，此时所测的是加试剂的量，并依此来计算物质浓度。最典型例子是以对硝基酚作为指示剂的乙酰胆碱酯酶方法，在反应过程中不断加入碱以中和酶水解产物乙酸以维持 pH 不变，然后根据所加碱量计算酶含量。这一类方法由于操作费时麻烦，目前应用很少，但不应忘记这类方法能维持条件如 pH 的恒定性。

3. 固定时间法（二点法）

固定时间法在自动分析仪中的应用，有助于我们解决反应的特异性问题，最明显的例子就是苦味酸法测肌酐和溴四甲酚绿法测白蛋白。人们早就知道很多物质如维生素 C、乙酰乙酸、葡萄糖、果糖以及某些药物也能与苦味酸呈色。近年来发现这些干扰物质呈色较慢，提出用自动生化仪只测定开始 1 min

的反应，明显提高了苦味酸法测肌酐的特异性。用溴甲酚绿测白蛋白法，由于简单易行，在20世纪70年代取代了经典的盐析法，但随即发现一部分球蛋白如α球蛋白也能和溴甲酚绿结合，但这类反应比较缓慢，所以目前更多地使用自动分析仪测定开始1 min的反应来计算白蛋白量。

4. 空白对照方法

由于使用了各种高新技术，在自动生化分析仪中可以根据实际情况，使用各种空白和对照方法。

（1）固定法空白。① 试剂。② 标本+盐水。③ 标本+灭能试剂。④ 标本+完全试剂（时间不同）。

（2）动态法空白。① 试剂空白。② 标本+空白试剂。

从理论上说固定空白法用“标本+完全试剂”是最好的办法，可以扣除各种因素的误差，如试剂、比色杯等，这也是在自动生化仪应用较多的方法，而用手工法是不易做到的。动态空白仅用于少数试剂不稳定方法。

（四）自动生化分析仪的组成

由于自动生化分析仪是模仿手工操作的过程，故无论哪一类型的自动生化分析仪，其结构组成均与手工操作时的一些器械设备相似，一般可由以下几个部分组成。

（1）样品器。放置待测样品、标准品、质控液、空白液和对照液等。

（2）吸样结构。吸样探针及输送样品的管道。

（3）稀释器或试剂管道。吸取、分配和输送试剂。

（4）反应池或反应管道。

（5）保温器。

（6）比色皿（管）。

（7）检测器（比色计、分光光度计、荧光分光光度计、火焰光度计、电化学测定仪等）。

（8）微处理机或程序控制器。

（9）打印机或记录仪。

（10）功能监测器等。

（五）RT-1904C型半自动生化分析仪的使用

1. RT-1904C型半自动生化分析仪器的特性

（1）RT-1904C是一台网络化的生化分析仪器。各种不同检验项目只需改变试剂、改变程序即可，可以单个样品同时进行几个项目检测，也可多样品平行作不同项目检测。可用于测定电解质（electrolytes）、基质（substrates）、酶类（enzymes）、血浆蛋白类（plasmaproteins）、激素类（hormones）、血液凝固检查（coagulation）、药物浓度检查（TDA’S）。

（2）可编程 160 个检验项目。所有测定项目的原始设定程序，均可由使用者修改。

（3）具有双比色系统。流动比色池系统和比色杯系统。

（4）可提供下列测试方法。终点反映法（endpoint）、速率法、固定时间二点法（fixed time）、双波长测定（bichromatie）、动力学法（kinetics）、吸光度测定（absorbance）、多点效准曲线法（multi-calibration）。

（5）可进行血清、血浆、全血及尿液等样品的分析。

（6）可与网络连接，为工作带来极大的便捷。

（7）可选用内置打印机或外置打印机。

（8）可选配外置标准键盘、CRT 显示器、鼠标或条码扫描仪。

2. RT-1904C 型半自动生化分析仪的操作步骤

（1）开机。待机器自行检测稳定，并吸蒸馏水自行检测比色池。

（2）程序设置。RT-1904C 程序设置包括了检测方法、项目名、单位、温度、波长、空白、延迟时间、测度时间、样本量、试剂量、吸液量、正常参考值范围、因子、标准、质控等内容。仪器的固定测试项目设置：在自检完成后，自动进入固定测试项目菜单。测试项目共有 160 个单元，其中 47 个是最常用项目，所有项目均由用户自行定义，最多允许设置 100 个项目。用户已经设置的项目均在窗口中列表显示，关机时自动保存。

（3）样品测试。

（4）综合报告。

3. 自动生化分析仪使用时的注意事项

（1）大多使用固定的比色池，结果的重复性比较好，但由于检测方法、所加试剂及样品量都很少，因此要特别注意取样和加试剂的准确性。

（2）如反复出现非线性（NL）大于 10%，应考虑试剂是否变质及所编程序是否合适。

（3）在作动力学方法检测时，要注意实验的反应原理，如果是吸光度下降的应在浓度因数（F）值的前面加负号，否则结果不准。做酶动力学方法检测时，还要注意开始的吸光度（Ai），如果特别低可能由于样品中酶活力较高，在延迟时间内基质已被消耗完。此时，必须把样品进行稀释后在进行检测。

（4）出现仪器不吸液体，常常由于仪器长时间不用，吸液管被压扁而堵塞，只要稍加揉擦即可畅通，如管道由于不及时清洗而造成的堵塞，这就要进行清洗或更换。

(5) 在使用过程中，严禁吸入强酸试剂，否则将会损坏吸管的金属头，每次使用完毕，都必须用蒸馏水冲洗比色池和管道，如果在反复多次吸入蒸馏水后，不能调整零点，应用清洁液浸泡比色池。具体操作是将温度放在 37 ℃，用 10%清洁液（detergent）充满比色池，浸泡 15 min，再用水冲洗。仪器长时间不用，应在 1 个月内通电 1 次，否则仪器内程序的记忆即消失。

五、尿液分析仪

尿液分析仪一般用微电脑控制，采用球面积分仪接受双波长反射光的方式测定试带上的颜色变化进行半定量测定。试剂带上有数个含各种试剂的试剂垫，各自与尿中相应成分进行独立反应，而显示不同颜色，颜色的深浅与尿液中某种成分成正比关系，试剂带中还有另一个“补偿垫”，作为尿液本底颜色，对有色尿及仪器变化所产生的误差进行补偿。

尿的干化学试带可检测的项目有蛋白质、葡萄糖、酮体、隐血、胆红素、尿胆原、亚硝酸盐、比重、pH 等。

（一）尿液分析仪的发展

20 世纪 50 年代即有人采用单一干化学试带法测定尿中蛋白质和葡萄糖，利用肉眼观察试带颜色的变化与标准板进行比较，得出相应的数值。20 世纪 80 年代，由于计算机技术的高度发展和广泛使用，尿液自动化分析仪也得到迅速发展，逐步由半自动化发展到全自动化。快速敏感的干化学试带技术和自动化分析技术在尿液检查中得到普遍应用，上述指标的检测极为简便，而且提高了检验质量，为尿液化学检查开拓了更广阔的领域。

尿液分析仪常依测试项目分为两类：① 主要用于初诊病人及健康检查使用的 8~11 项筛选组合尿试带。8 项检测项目包括蛋白、葡萄糖、pH、酮体、胆红素、尿胆原、潜血和亚硝酸盐；9 项检测项目除上述 8 项检查外增加了尿白细胞检查。10 项尿液分析仪检测项目在 9 项基础上增加了尿比重检查。11 项检测项目则又增加了维生素 C 检查。② 主要用于已确诊疾病的疗效观察，如肾疾患可用 pH、蛋白、隐血（红细胞）组合试带；糖尿病用 pH、糖、酮体组合试带；肝病患者用胆红素、尿胆原组合试带。在运动训练中主要应用尿蛋白、尿潜血、尿胆原、尿酮体等指标进行运动训练强度及运动训练量的监测和运动员身体机能的评定。

（二）仪器的结构与组成

尿液分析仪一般由机械系统、光学系统、电路系统三部分组成，其结构如图 6-12 所示。

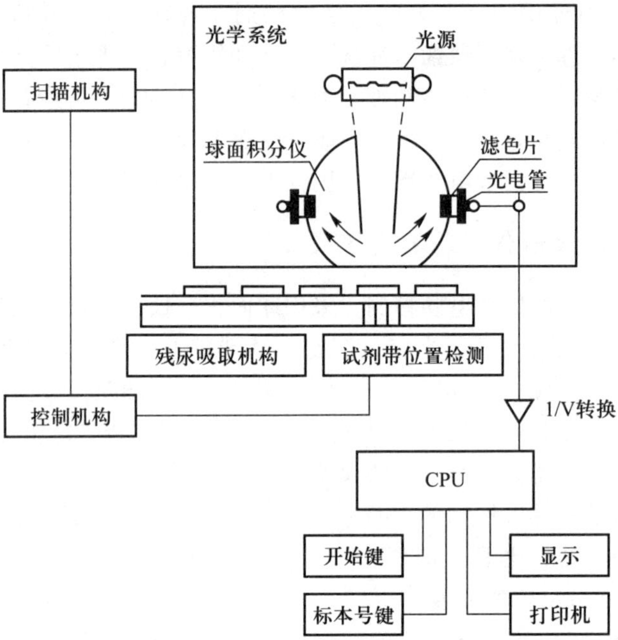

图 6-12　尿液分析仪结构示意图

1. 机械系统

机械系统包括传送装置、采样装置、加样装置、测量测试装置，其主要功能是将待检的试剂带传送到位，检测后将试剂带排送到废物盒。

2. 光学系统

光学系统通常包括光源、单色处理、光电转换三部分。光线照射到反应区表面产生反射光，反射光的强度与各个项目的反应颜色成正比。不同强度的反射光再经光电转换器件转换为电信号进行处理。

3. 电路系统

光电检测器将试剂带所反射的光信号的强弱转换成电信号的大小，送往前置放大器进行放大，然后将电信号送往电压/频率变换器，将送来的模拟信号的大小转换成数字信号的多少后，送往计数电路予以计数。计数后的信号送给 CPU 单元。CPU 将信号运算、处理后送往仪器的内置热敏打印机，由打印机将测试结果打印出来。

（三）尿液分析仪检测原理

尿液中相对的化学成分使尿多联试带上各种含特殊试剂的模块发生颜色变化，颜色深浅与尿液中相应物质的浓度成正比；颜色越深，相应某种成分浓度越高，吸收光量值越大，反射光量值越小，反射率也越小；反之，反射率越大。因为颜色的深浅与光的反射率成比例关系，而颜色的深浅又与尿液中各种成分的浓度成比例关系，所以只要测得光的反射率即可以求得尿液中各种成分的浓度。

尿液分析仪一般采用双波长法测定试剂块的颜色变化。一种波长为测定波长，它是被测试剂块的敏感特征波长；另一种为参比波长，是被测试剂块不敏感的波长，用于消除背景光和其他杂散光的影响。各种试剂块都有相应的测定波长，其中亚硝酸盐、酮体、胆红素、尿胆素原的测定波长为 550 nm，pH、葡萄糖、蛋白质、维生素 C、潜血的测定波长为 620 nm，各试剂块所选用的参考波长为 720 nm。

试纸块颜色的深浅除了随各被测成分的不同而改变外，还与尿液本身的颜色有关。空白试纸块随着尿液的颜色而变化。因此，试剂带中还有另一个“补偿垫”，作为尿液本底颜色，对有色尿及仪器变化所产生的误差进行补偿。

将多联试带置于尿液分析仪比色进样槽，各模块依次受到仪器光源照射并产生不同反射光，仪器接收不同强度的光信号后将其转换为相应的电信号，再经微处理器计算出各测试项目的反射率（R），然后与标准曲线比较后校正为测定值，最后以定性或半定量方式自动打印出结果，用于对尿液进行定性和半定量检测。

$$\text{反射率分式：} R(\%)=(T_m \cdot C_s/T_s \cdot C_m)\times 100\%$$

式中的 R（%）为反射率；T_m 为试剂块对测定波长的反射强度；T_s 为试剂块对参考波长的反射强度；C_m 为校准块对测定垫的反射强度；C_s 为校准块对参考波长的反射强度。

（四）试剂带的反应原理

（1）pH 测定。采用甲基红和溴麝香草酚蓝组成的复合型指示剂，pH4. 5～9，颜色由橘黄色、绿色变为蓝色。

（2）尿蛋白质测定。利用 pH 指示剂蛋白误差的原理。参比方法为磺基水杨酸法。

（3）尿葡萄糖测定。葡萄糖氧化酶法，铜还原法。

（4）尿酮体测定。亚硝基铁氰化钠法。

（5）尿隐血测定。利用游离血红蛋白、溶解红细胞或肌红蛋白中的血红素具有过氧化物酶样作用，能催化过氧化氢释放出新生态氧，使色原氧化而显色、其颜色深浅与血红蛋白含量有关。

（6）尿胆红素测定。采用重氮反应法原理。

（7）尿胆原测定。采用 Ehrlich 重氮反应法原理。

（8）尿亚硝酸盐测定。是利用某些细菌能将尿中硝酸盐还原成亚硝酸盐的特性。颜色变化与细菌数量成比例，阳性结果表明尿中细菌数量在 105/mL。

（9）尿白细胞测定。利用中性粒细胞的脂酶能水解吲哚酚生成吲哚酚和有机酸，吲哚酚可进一步氧化成靛蓝的原理；或吲哚酚和重氮盐反应成重氮色素而显色，颜色深浅与粒细胞量的多少有关。

（10）尿比密测定。基于某种预处理的多聚电解质在一定离子浓度溶液中 pKa 测定比密。参比方法：折射仪法。

（11）尿维生素 C 测定。采用磷钼酸缓冲液或甲基绿与尿中维生素 C 反应，形成钼蓝，颜色深浅与尿中维生素 C 含量有关。

（五）尿液分析仪的操作步骤

（1）检测前的检查。① 检查废试纸盒是否清空。② 检查打印纸是否正常。如果纸张的两端都有红线出现，则应尽快更换新的打印纸。

（2）打开电源开关，仪器自检，自检合格后显示待机界面。

（3）设置参数，包括试纸种类和编号。

（4）准备好试纸条，尿液标本及几张吸水性强的柔软纸张，确保显示屏处于待机界面。

（5）将试纸条浸入标本中，保持完全浸润 1~2 min 后取出。

（6）将试纸侧放在吸水性强的柔软试纸上，以吸干多余标本。

（7）小心将试纸条放置在指示灯下方，并尽量伸至内部，试纸条推入测试平台，测试自动进行。

（8）当指示灯灭了以后，再放入第二根试纸条继续测试。

（9）测试结束后，结果会在液晶屏上显示并打印出来，同时数据也会自动存储。

（六）使用注意事项

（1）保持仪器的清洁，才能维持良好的运行状况。

（2）保证使用干净的取样杯，使用新鲜的混合尿液。

（3）不同类型的尿液分析仪使用不同的尿试纸带。

（4）试纸带浸入尿样的时间为 2 s。

（5）仪器使用最佳温度应在 20 ℃ ~25 ℃室温。

（6）在报告检测结果时，由于各类尿液分析仪设计的结果档次差异较大，不能单独以符号代码结果来解释，要结合半定量值进行分析，以免因定性结果的报告方式不够妥当，给临床解释带来混乱。

（七）尿液分析仪应用的质量控制

1. 尿液质量控制的一般情况

在常规试验中，虽然尿液分析仪的使用一般不受人为因素的影响，但尿液分析准确与否却受许多因素的影响。这些影响因素可以出现在分析前、中、后三个环节。

分析前的质量控制（简称质控）主要包括样品的标签、收集样品使用的容器和样品收集的时间、尿标本新鲜程度等。一般均应在取样后 2 h 内完成检测，否则可影响膜块上所有检查项目结果的准确性。

分析后的质控主要包括参考值范围的认可，判定试验结果是否受药物的干扰和病理物质的影响，报告单结果的书写和报告单回报时间等方面。

分析中的质控主要包括试带条的准确度、试带条的有效期、仪器的校正、仪器操作正确程度和尿液标本中影响因素及处理等方面。

2. 质控物的选择

质控特的质量是质控工作的关键，多数学者采用人工尿液加标准液作为质控物。实践证明这种质控物对于尿葡萄糖、尿蛋白、血红蛋白和白细胞能基本满足要求；但对于尿胆红素、尿胆原则不甚满意，因配制后不能久放。有的学者采用浓缩尿质控物，能得到较好效果。尿酮体问题最大，因为乙酰乙酸不稳定，合成后易分解，现多用丙酮代替，但丙酮并非膜块定量的敏感成分，应加以注意。合格的质控物应成分稳定、无批内差、易于保存、易于运输、复溶后成分无变化、使用方便、含有正常和异常 2 种浓度，且价格低廉等。

3. 质控的注意事项

（1）对新购进的仪器要进行全面的鉴定，鉴定合格后方能使用。

（2）对使用中的仪器应根据操作需要和厂家对仪器的要求定期进行校正，这是保证仪器准确的根本。

（3）不同厂家、不同批号尿试带质量不同，划分半定量结果的等级标准也不同，在选用尿试带时，应严格注意质量标准，每日工作前对仪器和试剂带按程序进行检查，在检查中首先应将质控物放入室温，使其温度与室温一致否则会因温度影响使部分结果偏低。在质控过程中，必须掌握质控的标准：① 每次必须使用“正常”和“异常”两种浓度的质控物进行试验，一天内最好使用同一份质控标本；② 质控物的测定结果由正常变成异常结果或由异常变成正常结果，均为失控；③质控物某一膜块的测定结果在靶值“±～+”的为正常，否则为失控。

六、血乳酸自动分析仪

YSI4 ® 1500SPORT 血乳酸分析仪是测定血乳酸含量，监测运动员训练强度的工具，已经被国内众多体育训练、科研部门采用。

（一）YSI ® 1500SPORT 血乳酸分析仪的特性

1. 便携式设计

重量 4 千克，机身防水，样品测试可在体育馆、田径场或游泳池旁等任何场地随时进行。

2. 测试成本低

酶层固定于薄膜之间，不会随样品测定而消耗，测试成本低于其他酶法；酶膜寿命不会受样品数量影响，样品量越大，节省越多。

3. 微处理器控制

选择式菜单软件引导每一个操作步骤，简易便捷。

4. 备有自动校正功能

仪器在每样品测定后自动与一标准参考液核对一次，以校准测试间出现任何轻微的漂移，确保每个结果的准确性。仪器备有手动校正功能，操作员可选择省略参考液核对程序，以缩短工作时间并降低试剂的消耗量。

5. 测试范围大

测试范围高达 30 mmol/L，能直接测试绝大部分的样品而无需稀释。可测量全血，样品于采集后可直接注入仪器进行测试，省却各样品处理的繁琐程序。低样品量，仅需 25 μL；血样可从耳珠或指头采集，无需作静脉穿刺。

6. 储存功能

配有记忆系统，可存储多达 150 个样品数据，包括测试结果、样品编号、测试日期及时间，免除抄写时可能出现的人为错误。样品结果长期保存，不会因关闭电源而消失。

7. 一次工作时间长

使用铅酸凝胶蓄电池，充电一次可提供不少于 8 h 的工作时间。充电器内备有保护电路，防止电池因过充电而耗损。

（二）仪器测试原理

仪器探头上装有一片三层的膜，其中间固定有乳酸氧化酶。带有酶膜的探头位于充满缓冲液的样品室内，样品注入后，乳酸被膜上的乳酸氧化酶迅速氧化，生成过氧化氢，后者随后在铂阳极上被氧化产生电子，电子流强度与乳酸浓度成正比。

（三）测试步骤

1. 试剂的准备

（1）缓冲液。由仪器生产商提供。取 1 包 YSI2357 浓缩缓冲剂，倒入混合瓶内用 500 mL 蒸馏水溶解。

（2）5 mmol/L 标准液。由仪器生产厂商提供。

（3）溶血剂 A。TritonX-100（由国家体育总局体育科学研究所提供）。

（4）溶血剂 B。十六烷基三甲基溴化胺，称取十六烷基三甲基溴化胺 1 g、氟化钠 0.4 g 溶于 100 mL 蒸馏水中，室温保存。

2. 样品采集

按常规方法取指血 20 μL，加到预先加有 40 μL 溶血剂 A（或溶血剂 B）的 0.2 mL 带盖塑料离心管中，混匀待测。

3. 上机检测步骤

（1）打开主机电源开关。

（2）仪器的系统设置。在主选屏利用 SETUP-2 分别设置日期、时间、液晶显示对比度、小数点符号、搅拌速度、报告单位、操作模式后可进行样品的测试。

（3）校准。按 MENU 调出主选屏；再按 ENTER，显示 SAMPLE-0、CAL-1、PRIME-2，按 1，按 ENTER，显示 WAIT…，随后显示 INJECT 5 mmol/L STANDARD，注入 5 mmol/L 标准液，可见 RUNNING…STIR ON，随后可见 WASHING，随后可见 WAIT…，INJECT 5 mmol/L、CALIBRATOR CHECK，再次注入 5 mmol/L 标准液，可见 RUNNING…STIR ON，随后可见 WASHING，CAL CHECK ××.×× mmol/L。当标准值显示在 4.9 mmol/L 到 5.1 mmol/L 范围内可进行样品的测定，此时按 MENU。

如果不在该范围，应重复上述步骤。

（4）样品测定。按 MENU 调出主选屏；再按 ENTER，显示 SAMPLE-0、CAL-1、PRIME-2，ENTER，显示 ENTER ID #×××，输入样品序号（必须三位数，如 001），按 ENTER，显示 WAIT…，INJECT 器 SAMPLE…，此时可注入样品，注入后可见 RUNNING…STIR ON，随后显示样品序号和测定值：#×××，××.×× mmol/L，WASHING…，MM/DD/YY HH：MM、#×××，××.×× mmol/L，按 ENTER 键，返回 SAMPLE-0、CAL-1、PRIME-2，进行下一个样品的测试。

七、电泳技术

（一）基本概念

目前电泳技术已被广泛应用于蛋白质、核酸和氨基酸等物质的分离和鉴定。

在溶液中，带电粒子在外加电场的作用下，向相反电极方向移动的现象，称为电泳。电泳时不同的带电粒子在同一电场中泳动速度不同。电泳速度常用泳动率（M）来表示。泳动率也称迁移率，它等于泳动速度（V）与电场强度（E）之比（式 1），亦即带电粒子在单位电场强度下的泳动速度称泳动率。

$$M=\frac{V}{E} \tag{1}$$

因
$$V=\frac{L}{t} \tag{2}$$

和
$$E=\frac{V}{d} \tag{3}$$

在式（2）中，L 为泳动距离，t 为通时间；在式（3）中，V 为加在支持物两端的端电压，d 为支持物的有效长度。

将式（2）和式（3）代入式（1）得：

$$M=\frac{Ld}{Vt} \tag{4}$$

由式（4）可知，当 d、L、V 及 t 等数值为已知时（实验测得），可以计算求得泳动率 M 的值。

（二）影响泳动率的因素

1. 待分离物的性质

根据物理学原理，带电粒子在电场中所受电场力（F）等于电场强度与粒子所带电量的乘积。

$$F=EQ \tag{5}$$

在式（5）中，E 为电场强度，Q 为粒子所带电量。

又据 Stokes 定律，一个球形分子在溶液中泳动时，受到的阻力（F'）与球形分子的∧半径（r）、溶液的黏度（η）及泳动速度（v）成正比，其比例系数为 6π。即：

$$F'=6\pi r\eta v \tag{6}$$

当带电粒子所受的电场力 F 与阻力 F'相等时，即 $F=F'$，就有

$$EQ=6\pi r\eta v \tag{7}$$

式（7）两端同时除 $6\pi r\eta E$，得：

$$\frac{V}{E}=\frac{Q}{6\pi r\eta} \tag{8}$$

由式（7）和式（8）可得

$$M=\frac{Q}{6\pi r\eta} \tag{9}$$

由上式可见，泳动率与球形分子所带电荷电量成正比，与球形分子的大小

及介质黏度成反比。

2. 电泳介质 pH 的影响

对于蛋白质和氨基酸等两性分子，电泳介质的 pH 决定了它们所带净电荷性质和多少。pH 小于等电点，分子带正电荷，向负极泳动，如果 pH 大于等电点，分子带负电荷，向正极泳动。pH 偏离等电点越远，分子所带净电荷越多，其泳动速度越快。当缓冲液 pH 等于其等电点时，分子处于等电状态，不移动。由于血清蛋白质的等电点多在 pH4~6 之间，因此，分离血清蛋白常用 pH8.6 的巴比妥缓冲液或三羟甲基氨基甲烷（Tris）缓冲液。

3. 缓冲液的离子强度

离子强度是表示溶液中电荷数量的一种量度，等于溶液中各种离子的摩尔浓度与其价数平方之积总和的一半。

$$I=1/2\sum m_i Z_i^2 \qquad (10)$$

式（10）中 I 为离子强度，m_i 系离子的摩尔浓度，Z_i 为相应离子的价数。

［例 1］2 个单价离子化合物（如 NaCl）离子强度在数值上等于它的摩尔浓度，如 0.05 mol/L NaCl 溶液的离子强度

$$I=1/2(0.05\times1^2+0.05\times1^2)=0.05$$

［例 2］2 个二价化合物（$CuSO_4$）的离子强度在数值上等于它的摩尔浓度的 4 倍，例如 0.05 mol/L $CuSO_4$溶液的离子强度

$$I=1/2(0.05\times2^2+0.05\times2^2)=0.20$$

溶液中的离子浓度越大或离子的价数越高，离子强度就越大。对缓冲液来说，离子强度过低主要是影响缓冲液的缓冲容量，不易维持介质 pH 的恒定；离子强度过高，带电粒子的电泳速度减慢。这是由于带电的生物大分子吸附溶液中的反电荷离子（图 6-13）形成反离子氛，犹如大气层包围地球。距离中

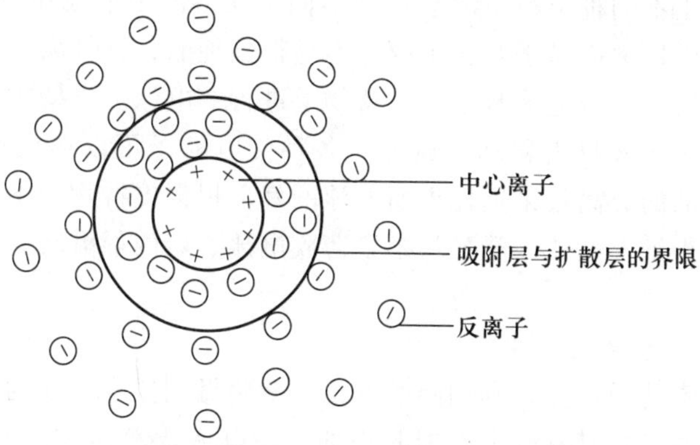

图 6-13　离子氛示意图

心离子愈近，反离子密度愈大；反之，密度愈小。根据反离子与中心离子结合的紧密程度不同，可将反离子层分为吸附层和扩散层。在电场的作用下，吸附层的反离子随中心离子一起泳动。离子强度越大，吸附层反离子越多，泳动粒子团的净电荷越少，泳动速度也就越慢。

4. 电渗

在电场中，液体对于固体支持物的相对移动称为电渗。电渗是由于支持物带有电荷所引起的。支持物上的电荷使介质中的水感应产生相反电荷。如纸上电泳所用的滤纸纤维素带有负电荷；琼脂电泳中，所用的琼脂由于大量硫酸根的存在也带有负电荷，它们使水感应产生水合氢离子（H_3^+O）。在外电场的作用下，水向负极移动。如果被测定样品也带正电荷，则移动更快；如果被测定样品带负电荷，则移动减慢。所以电泳时，颗粒泳动所表现的速度决定于颗粒本身的泳动速度和溶液的电渗作用。因此在选用支持物时，应尽量避免高电渗作用的物质。

5. 电场强度的影响

电场强度增高，带电粒子受到的电场力增大，泳动速度加快，但泳动率不变。

随着电场强度的增高，电流强度增加，产热也增多。产热的不良后果是：（1）引起水的蒸发，改变溶液 pH 及离子强度；（2）引起介质温度升高，可使蛋白质变性。因此电泳必须控制电压在一定范围之内，当进行高压电泳时，必需装备有效的冷却装置。

（三）电泳技术的种类

根据有无固体支持物，电泳技术可分为界面电泳和区带电泳两大类。界面电泳是指在溶液中进行的电泳，没有固体支持物。当溶液中有几种带电粒子时，通电后由于不同种类粒子泳动速度不同，在溶液中形成相应的区带界面，但区带界面由于扩散而易于互相重叠，不易得到纯品，且分离后不易收集，故目前已很少使用。区带电泳是指在支持物上进行的电泳。支持物将溶液包绕在其网孔中，防止溶液自由移动。通电后各种带电粒子可以形成许多清晰的区带。故区带电泳的分离效果远比界面电泳的好。根据支持物的不同，常用的区带电泳又可分为纸上电泳、醋酸纤维素薄膜电泳、聚丙烯酰胺凝胶电泳及琼脂糖凝胶电泳等。

1. 醋酸纤维素薄膜电泳

醋酸纤维素薄膜电泳是利用醋酸纤维素薄膜做固体支持物的电泳技术，和纸上电泳相似并且在其基础上发展起来的，该电泳技术具有比纸电泳电渗小，分离速度快、样品用量小、而分辨率高、分离清晰等优点。

2. 琼脂糖凝胶电泳

琼脂糖（agarose）是经过挑选，以质地较纯的琼脂（agar）作为原料而制成的。琼脂在化学上是由琼脂糖和琼脂胶组成的复合物。琼脂胶是一种含有硫酸根和羟基的多糖，它具有离子交换性质，这种性质会给电泳及凝胶过滤带来不良的影响。琼脂糖是直链多糖，它由D-半乳糖和3，6-脱水-L-半乳糖的残基交替排列织成（图6-14）。

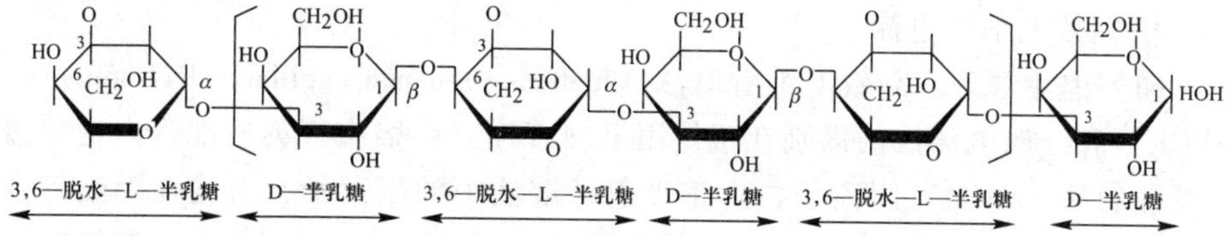

图6-14　琼脂糖结构中的一个链段

琼脂糖主要通过氢键而形成凝胶。电泳时因凝胶含水量大（98%~99%），近似自由电泳，固体支持物的影响较少，故电泳速度快，区带整齐。而且由于琼脂糖不含带电荷的基团，电渗影响很少，是一种较好的电泳材料，分离效果较好。

3. 聚丙烯酰胺凝胶电泳

聚丙烯酰胺凝胶是一种人工合成的凝胶，具有机械强度好、弹性大、透明、化学稳定性高、无电渗作用、设备简单、样品最小（1~100 μg）、分辨率高等优点，并可通过控制单体浓度或单体与交联剂的比例，聚合成不同孔径大小的凝胶，可用于蛋白质、核酸等分子大小不同的物质的分离、定性和定量分析。还可结合解离剂十二烷基硫酸钠（SDS），以测定蛋白质亚基的相对分子质量。

根据凝胶支柱形状不一，可分为盘状电泳和垂直板型电泳。盘状电泳是在直立的玻璃管内利用不连续的缓冲溶液、pH和凝胶孔径进行的电泳。垂直板型电泳是将聚丙烯胺凝胶聚合成方形或长方形薄片状，薄片可大可小，具有以下几个优点：

（1）在同一条件下可同时做多个要比较的样品；

（2）一个样品在第一次电泳后可将薄片转90度进行第二次电泳，即双向电泳，这样可提高分辨力；

（3）便于电泳后进行放射自显影的分析。

其缺点是制备凝胶时较盘状电泳复杂，所需电压较高，电泳时间长。

不连续聚丙烯酰胺凝胶电泳由于同时兼有电荷效应、浓缩效应和分子筛效应，因此具有很高的分辨率。其分子筛效应主要由凝胶孔径大小决定，而决定凝胶孔径的大小主要是凝胶的浓度，例如，7.5%的凝胶孔径平均为 50 A，30%的凝胶孔径平均为 20 A 左右。但交联剂对电泳泳动率亦有影响，交联剂重量对总单体重量的百分比愈大，则电泳泳动率愈小。不管交联剂是以何种方式影响电泳时的泳动率，总之它是影响凝胶孔径很重要的一个参数。为了使试验的重复性较高，在制备凝胶时对交联剂的浓度、交联剂与丙烯酰胺的比例、催化剂的浓度、聚胶所需时间等影响泳动率的因子都应尽可能保持恒定。

4. 高效毛细管电泳

（1）基本原理。高效毛细管电泳（high performance capillary electrophoress，HPCE）和一般电泳法的区别在于使用毛细管柱。在熔融石英毛细管内壁覆盖一层硅氧基（Si-O）阴离子，由于吸引了溶液中的阳离子，由此在毛细管内壁形成表面带阴离子的双电层。层外缘扩散层中富集的阳离子被电场阴极吸引导致溶液向阴极的流动，这种效应称为电渗（electroosmosis）。由于电渗流的速度（V_{eo}）和电场强度 E 成正比，因此，把电渗速度（V_{eo}）和场强 E 的比值定义为电渗淌度（μ_{eo}），即

$$\mu_{eo}=V_{eo}/E$$

电渗淌度与硅氧层表面的电荷密度成正比，与离子强度的平方根成反比。在低 pH 条件下，硅氧层形成分子（Si-OH），因而减少了表面电荷密度，故电渗速度减小。如在 pH=9 的绷砂缓冲液中电渗速度约 2 mm/s，而在 pH=3 介质中电渗速度减小约一个数量级。影响电渗的一个重要因素是毛细管中因电流作用产生的焦耳热，能使得柱中心的温度高于边缘的温度，形成抛物线形的温度梯度，管壁附近温度低，中心温度高，结果使电渗速度不均匀而造成区带变宽，柱效降低。为此，应避免使用过长和内径大于 50 μm 的毛细管柱，还应注意减小毛细管的壁厚、选择适宜的电压和缓冲液及使用良好的冷却系统。

HPCE 中观察到的离子淌度是离子的电泳淌度（μ_{ep}）和溶液的电渗淌度的加和，定义表观淌度（μ_{app}），则

$$\mu_{app}=\mu_{ep}+\mu_{eo}$$

根据以上的讨论，带正电荷的离子的 $\mu_{ep}>0$，$\mu_{eo}>0$，故 μ_{app} 总是为正号，离子向阴极移动；而带负电荷的离子受电泳流的影响被阴极排斥，$\mu_{ep}<0$，在高 pH 条件下，若 $\mu_{eo}>\mu_{ep}$，μ_{app} 仍为正号，离子仍然可向阴极移动，但在低 pH 条件下，μ_{app} 可为负号，离子将向反方向移动。此时必须改变电场方向，方可检测到欲分析的离子。

对于实际速度为 μ_{net}（net 指 net speed）的组分，表现淌度可由下式计算：

$$\mu_{app}=\mu_{net}/E=\frac{Ld/t}{V/Lt}$$

式中：Ld——从进样口到检测器的实际柱长；Lt——总柱长；V——电压；t——所需的分析时间。

实际测试电渗淌度时可用中性组分，此时 $\mu_{ep}=0$，$\mu_{eo}=\mu_{app}$，$\mu_{ep}=\mu_{eo}$

上式为：

$$\mu_{eo}=\mu\text{中性}/E=\frac{Ld/t}{V/Lt}$$

HPCE 的毛细管容易冷却，故可以使用 20~30 kV 的高电压，由于管内径只有 25~100 μm，无涡流扩散，使传质阻抗趋于零，因此，有很高的分辨率。电解质液由毛细管阳极端进入毛细管，携带被分离的组分可以从毛细管阴极端流入检测器的比色池，电泳过程与结果分析均容易自动化。因此 HPCE 已成为效率极高的现代分析仪器，在生物化学与分子生物学中得到日益广泛的应用。

（2）类型及应用

① 毛细管区带电泳：毛细管区带电泳法（capillary zone elctrophoresis，CZE）的分离基于组分淌度的区别，一般毛细管内壁带负电荷。电渗流从阳极移动至阴极，流出顺序是阴离子<中性分子<阳离子。若毛细管内壁涂上一层阳离子表面吸附剂，则极性颠倒，流出顺序是阳离子<中性分子<阴离子。

毛细管区带电泳具有分离方便、快速、样品用量小的特点，在无机离子、有机物、氨基酸、蛋白质及各种生物样品的测试中有着广泛的应用。

② 胶束电动毛细管色谱：CZE 主要用于分析带电荷的离子，对中性分子的测试主要是依靠电渗的作用，分离比较困难。此时可应用胶束电动毛细管色谱（micellar electrokinetic capillary chromatography，MECC）进行分离分析。

MECC 是在缓冲溶液中加入表面活性剂，当表面活性剂浓度超过临界胶束浓度时，则形成荷电胶束。而当无胶束存在时，所有中性分子将同时到达检测器，有胶束时带负电荷的胶束在电场作用下向相反方向泳动，溶质分子在胶束和水相间形成平衡，在溶液的电渗流和胶束的电泳流的共同作用下分离。溶质分子在胶束内停留时间越长，其迁移所需时间即保留时间越长。

最常用的表面活性剂是十二烷基硫酸钠（SDS）。各种阴阳离子表面活性剂和环糊精等添加剂使得本法有相当多的选择余地，可广泛用于各种类型的样品，在手性分离中也有成功的应用。

③ 毛细管凝胶电泳：毛细管凝胶电泳（capillary gel electrophoresis，CGE）是在毛细管中填充具线状缠结聚合物结构的物理凝胶，使样品中各组分通过净电荷差异和分子大小差异双重机制得以分离。CGE 在蛋白质、多肽、DNA 序列分析中得到成功应用，已成为生命科学基础和应用研究中有力的分析工具。

近年来，其他类型的毛细管电色谱法（capillary electro-chromatography，

CEC）发展很快。其中填充毛细管电色谱法（packed colomn，CEC）是将细粒径固定相填充在毛细管柱中，开管毛细管电色谱法（Open tubular，CEC）是把固定相的官能团键合在毛细管内壁表面而形成的色谱柱。CEC 是很有前途的分析方法。

八、离心技术

离心技术在生物科学，特别是在生物化学和分子生物学研究领域，已得到十分广泛的应用，每个生物化学和分子生物学实验室都要装备多种型式的离心机。离心技术主要用于各种生物样品的分离和制备，生物样品悬浮液在高速旋转下，由于巨大的离心力作用，使悬浮的微小颗粒（细胞器、生物大分子的沉淀等）以一定的速度沉降，从而与溶液得以分离，而沉降速度取决于颗粒的质量、大小和密度。

（一）基本原理

当一个粒子（生物大分子或细胞器）在高速旋转下受到离心力作用时，此离心力“F”由下式定义，即：

$$F = m \cdot a = m \cdot \omega^2 r$$

式中：a——粒子旋转的加速度，m——沉降粒子的有效质量，ω——粒子旋转的角速度，r——粒子的旋转半径（cm）。

相对离心力（RCF）是指在离心场中，作用于颗粒的离心力相当于地球重力的倍数，单位是重力加速度“g”，常用数字乘“g”来表示，例如 25 000×g，则表示相对离心力为 25 000。由于 $g = 980\ cm/sec^2$，此时，RCF 相对离心力可用下式计算：

$$RCF = \frac{\omega^2 r}{980} \omega = \frac{2\pi \times rpm}{60}$$

所以 $$RCF = 1.119 \times 10^{-5} \times (rpm)^2 r$$

（rpm——revolutions per minute，每分钟转数，r/min）

由上式可见，只要给出旋转半径 r，则 RCF 和 rpm 之间可以相互换算。但是由于转头的形状及结构的差异，使每台离心机的离心管，从管口至管底的各点与旋转轴之间的距离是不一样的，所以在计算时规定旋转半径均用平均半径“r_{av}”代替：

$$r_{av} = (r_{min} + r_{max}) / 2$$

r 的测量如图 6-15 所示。

一般情况下，低速离心时常以转速“rpm”来表示，高速离心时则以“g”表示。计算颗粒的相对离心力时，应注意离心管与旋转轴中心的距离“r”不

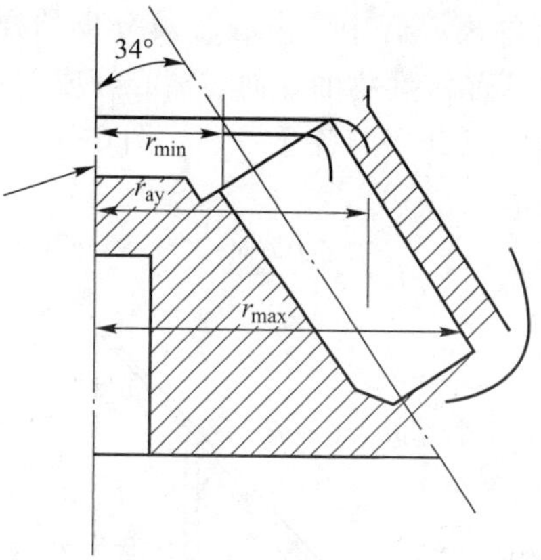

图 6-15 *r* 的测量

同，即沉降颗粒在离心管中所处位置不同，则所受离心力也不同。因此在报告超离心条件时，通常总是用地心引力的倍数“×g”代替每分钟转数“rpm”，因为它可以真实地反映颗粒在离心管内不同位置的离心力及其动态变化。科技文献中离心力的数据通常是指其平均值（RCF_{av}），即离心管中点的离心力。

为便于进行转速和相对离心力之间的换算，Dole 和 Cotzias 利用 RCF 的计算公式，制作了转速“rpm”、相对离心力“RCF”和旋转半径“r”三者关系的列线图，图式法比公式计算法方便（列线图参见附录）。换算时，先在 *r* 标尺上取已知的半径和在 rpm 标尺上取已知的离心机转数，然后将这两点间划一条直线，与图中 RCF 标尺上的交叉点即为相应的相对离心力数值。注意，若已知的转数值处于 rpm 标尺的右边，则应读取 RCF 标尺右边的数值，转数值处于 rpm 标尺左边，则应读取 RCF 标尺左边的数值。

（二）离心机的主要构造

1. 转头

（1）角式转头。角式转头是指离心管腔与转轴成一定倾角的转头。它是由一块完整的金属制成的，其上有 4～12 个装离心管用的机制孔穴，即离心管腔，孔穴的中心轴与旋转轴之间的角度在 20°～40°之间，角度越大沉降越结实，分离效果越好。这种转头的优点是具有较大的容量，且重心低，运转平衡，寿命较长，颗粒在沉降时先沿离心力方向撞向离心管，然后再沿管壁滑向管底，因此管的一侧就会出现颗粒沉积，此现象称为“壁效应”（图 6-16），壁效应容易使沉降颗粒受突然变速所产生的对流扰乱，影响分离效果。

（2）水式转头。这种转头是由吊着的 4 或 6 个自由活动的吊桶（离心套管）构成。当转头静止时，吊桶垂直悬挂，当转头转速达到每分钟 200～800 转时，吊桶荡至水平位置，这种转头最适合做密度梯度区带离心，其优点是梯度物质可放在保持垂直的离心管中，离心时被分离的样品带垂直于离心管纵轴，而不像角式转头中样品沉淀物的界面与离心管成一定角度，因而有利于离心结束后由管内分层取出已分离的各样品带（图 6-17）。其缺点是颗粒沉降距离长，离心所需时间也长。

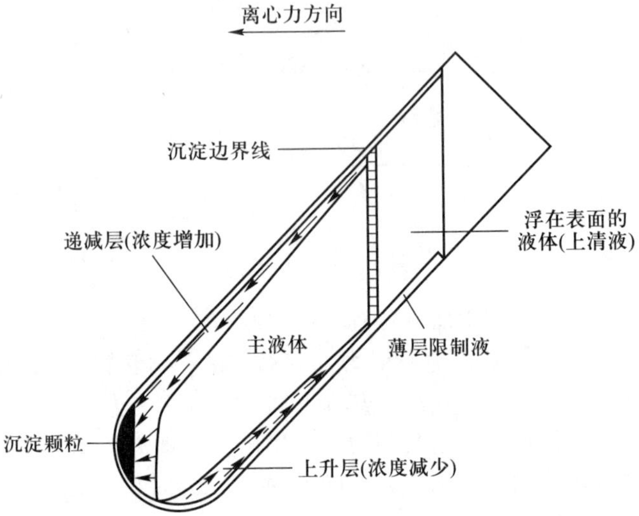

图 6-16　角式转头离心过程中试管及沉降物的变化分离

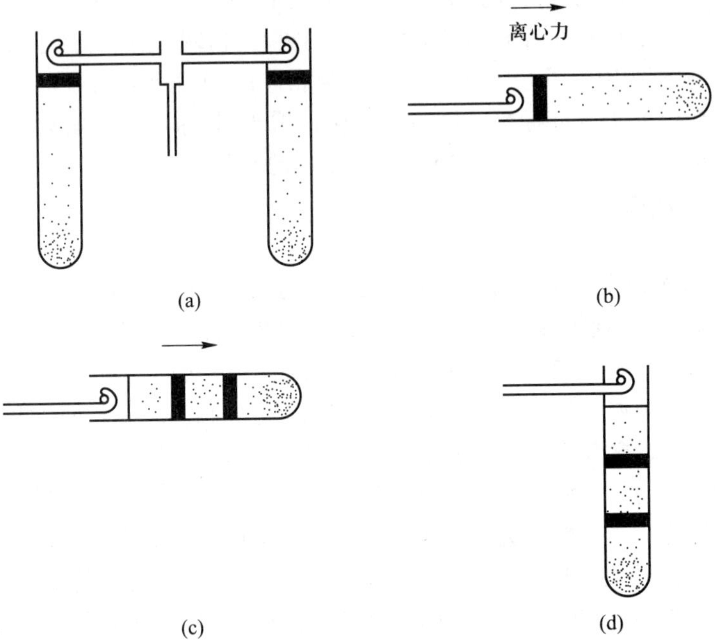

图 6-17　水平式转头离心过程中试管变化及沉降物的分离

（3）区带转头。区带转头无离心管，主要由一个转子桶和可旋开的顶盖组成（图6-18），转子桶中装有十字形隔板装置，把桶内分隔成四个或多个扇形小室，隔板内有导管，梯度液或样品液从转头中央的进液管泵入，通过这些导管分布到转子四周，转头内的隔板可保持样品带和梯度介质的稳定。沉降的样品颗粒在区带转头中的沉降情况不同于角式和外摆式转头，在径向的散射离心力作用下，颗粒的沉降距离不变，因此区带转头的“壁效应”极小（图6-19），可以避免区带和沉降颗粒的紊乱，分离效果好，而且还有转速高、容量大、回收梯度容易和不影响分辨率的优点，使超离心用于制备和工业生产成为可能。区带转头的缺点是样品和介质直接接触转头，耐腐蚀要求高，操作复杂。

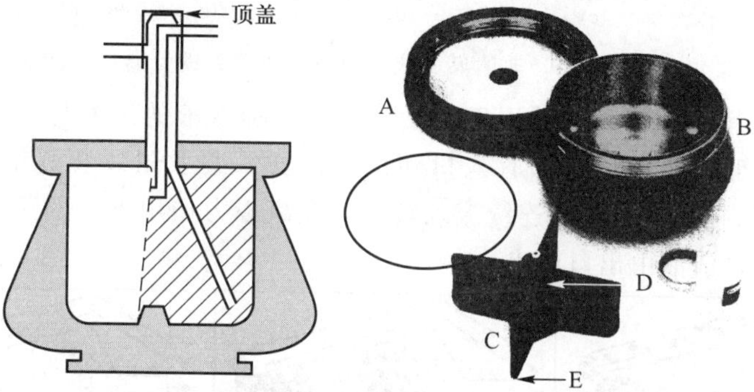

图 6-18　区带状转头

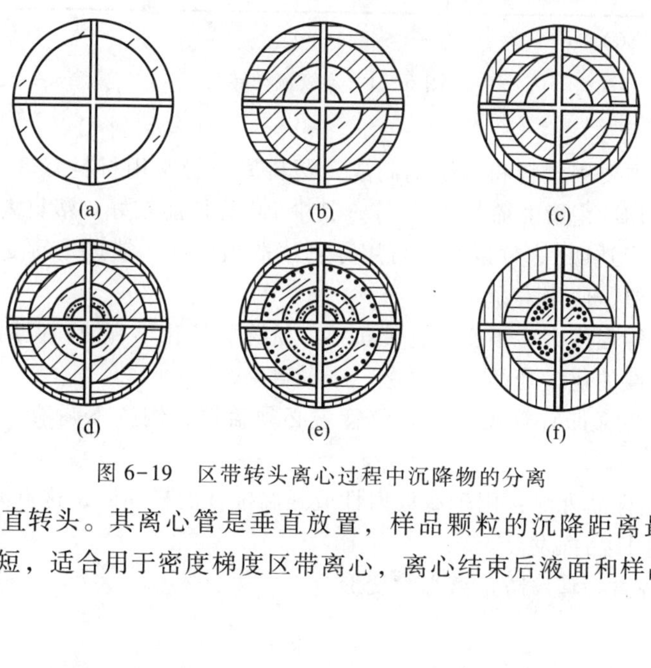

图 6-19　区带转头离心过程中沉降物的分离

（4）垂直转头。其离心管是垂直放置，样品颗粒的沉降距离最短，离心所需时间也短，适合用于密度梯度区带离心，离心结束后液面和样品区带要作

90°转向（图 6-20），因而降速要慢。

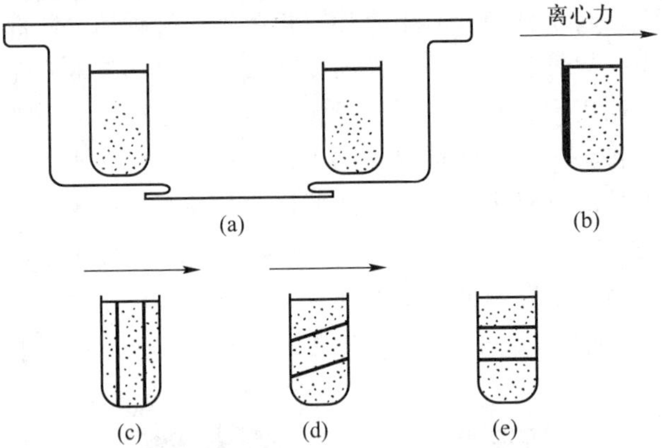

图 6-20　垂直转头离心过程中沉降物的分离

（5）连续流动转头。可用于大量培养液或提取液的浓缩与分离，转头与区带转头类似，由转子桶和有入口和出口的转头盖及附属装置组成（图 6-21），离心时样品液由入口连续流入转头，在离心力作用下，悬浮颗粒沉降于转子桶壁，上清液由出口流出。

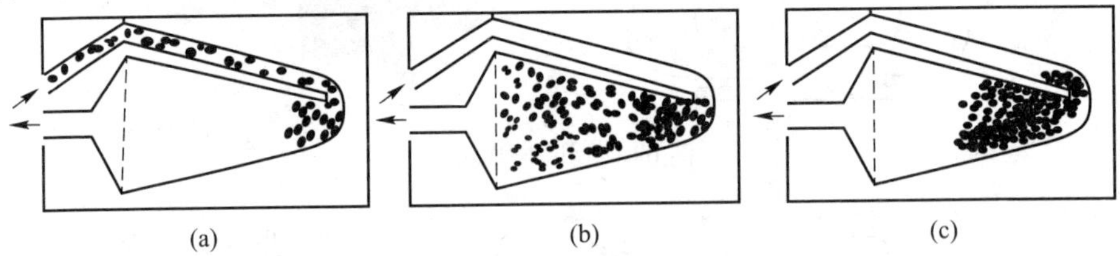

图 6-21　连续流动转头

2. 离心管

离心管主要用塑料和不锈钢制成，塑料离心管常用材料有聚乙烯（PE），聚碳酸酯（PC），聚丙烯（PP）等，其中 PP 管性能较好。塑料离心管的优点是透明（或半透明），硬度小，可用穿刺法取出梯度。缺点是易变形，抗有机溶剂腐蚀性差，使用寿命短。

不锈钢管强度大，不变形，能抗热，抗冻，抗化学腐蚀。但用时也应避免接触强腐蚀性的化学药品，如强酸、强碱等。

塑料离心管都有管盖，离心前管盖必须盖严，倒置不漏液。管盖有三种作用：

① 防止样品外泄：用于有放射性或强腐蚀性的样品时，这点尤其重要。

② 防止样品挥发。

③ 支持离心管：防止离心管变形。

（三）离心机的类型

离心机可分为工业用离心机和实验用离心机。实验用离心机又分为制备性离心机和分析性离心机，制备性离心机主要用于分离各种生物材料，每次分离的样品容量比较大，分析性离心机一般都带有光学系统，主要用于研究纯的生物大分子和颗粒的理化性质，依据待测物质在离心场中的行为（用离心机中的光学系统连续监测），能推断物质的纯度、形状和分子量等。分析性离心机都是超速离心机。

1. 制备性离心机

（1）普通离心机。最大转速 6 000 r/min 左右，最大相对离心力近 6 000×g，容量为几十毫升至几升，分离形式是固液沉降分离，转子有角式和外摆式，其转速不能严格控制，通常不带冷冻系统，于室温下操作，用于收集易沉降的大颗粒物质，如红细胞、酵母细胞等。这种离心机多用交流整流子电动机驱动，电机的碳刷易磨损，转速是用电压调压器调节，启动电流大，速度升降不均匀，一般转头是置于一个硬质钢轴上，因此精确地平衡离心管及内容物就极为重要，否则会损坏离心机。

（2）高速冷冻离心机。最大转速为 20 000～25 000 r/min，最大相对离心力为 89 000×g，最大容量可达 3 L，分离形式是固液沉降分离，转头配有各种角式转头、水平式转头、区带转头、垂直转头和大容量连续流动式转头，一般都有制冷系统，以消除高速旋转转头与空气之间摩擦而产生的热量，离心室的温度可以调节和维持在 0～4 ℃，转速、温度和时间都可以严格准确地控制，并有指针或数字显示，通常用于微生物菌体、细胞碎片、大细胞器、硫铵沉淀和免疫沉淀物等的分离纯化工作，但不能有效地沉降病毒、小细胞器（如核蛋白体）或单个分子。

（3）超速离心机。转速可达 50 000～80 000 r/min，相对离心力最大可达 510 000×g，最著名的生产厂商有美国的贝克曼公司和日本的日立公司等，离心容量由几十毫升至 2 L，分离的形式是差速沉降分离和密度梯度区带分离，离心管平衡允许的误差要小于 0.1 g。超速离心机的出现，使生物科学的研究领域有了新的扩展，它能使过去仅仅在电子显微镜观察到的亚细胞器得到分级分离，还可以分离病毒、核酸、蛋白质和多糖等。

超速离心机主要由驱动和速度控制、温度控制、真空系统和转头四部分组成。超速离心机的驱动装置是由水冷或风冷电动机通过精密齿轮箱或皮带变速，或直接用变频感应电机驱动，并由微机进行控制，由于驱动轴的直径较细，因而在旋转时此细轴可有一定的弹性弯曲，以适应转头轻度的不平衡，而不至于引起震动或转轴损伤，除速度控制系统外，还有一个过速保护系统，以防止转速超过转头最大规定转速而引起转头的撕裂或爆炸，为此，离心腔用能承受此种爆炸的装甲钢板密闭。

温度控制是由安装在转头下面的红外线射量感受器直接并连续监测离心腔的温度，以保证更准确更灵敏的温度调控，这种红外线温控比高速离心机的热电偶控制装置更敏感，更准确。

超速离心机装有真空系统，这是它与高速离心机的主要区别。离心机的速度在 2 000 r/min 以下时，空气与旋转转头之间的摩擦只产生少量的热，速度超过 20 000 r/min 时，由摩擦产生的热量显著增大，当速度在 40 000 r/min 以上时，由摩擦产生的热量就成为严重问题，为此，将离心腔密封，并由机械泵和扩散泵串联工作的真空泵系统抽成真空，温度的变化容易控制，摩擦力很小，这样才能达到所需的超高转速。

2. 分析性离心机

分析性离心机使用了特殊设计的转头和光学检测系统，以便连续地监视物质在一个离心场中的沉降过程。从而确定其物理性质。

分析性超速离心机的转头是椭圆形的，以避免应力集中于孔处。此转头通过一个有柔性的轴联接到一个高速的驱动装置上，转头在一个冷冻的和真空的腔中旋转，转头上有 2~6 个装离心杯的小室，离心杯是扇形石英的，可以上下透光，离心机中装有一个光学系统，在整个离心期间都能通过紫外吸收或折射率的变化监测离心杯中沉降着的物质，在预定的期间可以拍摄沉降物质的照片，在分析离心杯中物质沉降情况时，在重颗粒和轻颗粒之间形成的界面就像一个折射的透镜，结果在检测系统的照相底板上产生了一个“峰”，由于沉降不断进行，界面向前推进，因此峰也移动，从峰移动的速度可以计算出样品颗粒的沉降速度。

分析性超速离心机和主要特点就是能在短时间内，用少量样品就可以得到一些重要信息，能够确定生物大分子是否存在，其大致的含量，计算生物大分子的沉降系数，结合界面扩散，估计分子的大小，检测分子的不均一性及混合物中各组分的比例，测定生物大分子的分子量，还可以检测生物大分子的构象变化等。

（四）离心方法

1. 差速沉降离心法

这是最普通的离心法。即采用逐渐增加离心速度或低速和高速交替进行离心，使沉降速度不同的颗粒在不同的离心速度及不同离心时间下分批分离的方法（图 6-22）。此法一般用于分离沉降系数相差较大的颗粒。

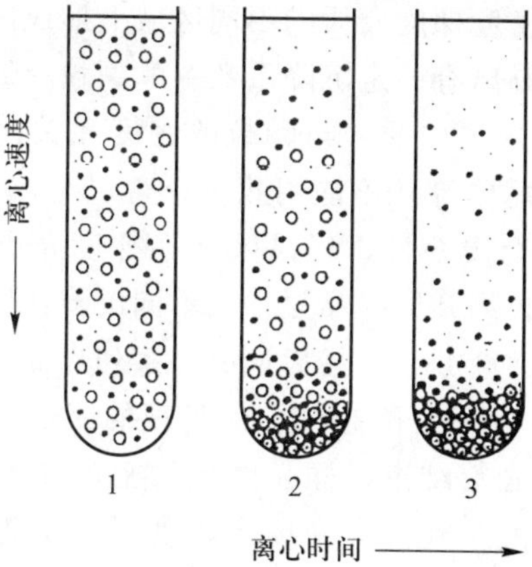

图 6-22　差速沉降离心法

差速离心首先要选择好颗粒沉降所需的离心力和离心时间。当以一定的离心力在一定的离心时间内进行离心时，在离心管底部就会得到最大和最重颗粒的沉淀，分出的上清液在加大转速下再进行离心，又得到第二部分较大较重颗粒的沉淀及含较小和较轻颗粒的上清液，如此多次离心处理，即能把液体中的不同颗粒较好地分离开。此法所得的沉淀是不均一的，仍杂有其他成分，需经过 2~3 次的再悬浮和再离心，才能得到较纯的颗粒。

此法主要用于组织匀浆液中分离细胞器和病毒，其优点是操作简易，离心后用倾倒法即可将上清液与沉淀分开，并可使用容量较大的角式转子。缺点是需多次离心，沉淀中有夹带，分离效果差，不能一次得到纯颗粒，沉淀于管底的颗粒受挤压，容易变性失活。

2. 密度梯度区带离心法（区带离心法）

区带离心法是将样品加在惰性梯度介质中进行离心沉降或沉降平衡，在一定的离心力下把颗粒分配到梯度中某些特定位置上，形成不同区带的分离方法。此法的优点是：① 分离效果好，可一次获得较纯颗粒；② 适应范围广，能像差速离心法一样分离具有沉降系数差的颗粒，又能分离有一定浮力密度差的颗粒；③ 颗粒不会挤压变形，能保持颗粒活性，并防止已形成的区带由于对流而引起混合。

此法的缺点是：① 离心时间较长；② 需要制备惰性梯度介质溶液；③ 操作严格，不易掌握。

密度梯度区带离心法又可分为以下两种：

（1）差速区带离心法。当不同的颗粒间存在沉降速度差时（不需要像差速沉降离心法所要求的那样大的沉降系数差）。在一定的离心力作用下，颗粒各自以一定的速度沉降，在密度梯度介质的不同区域上形成区带的方法称为差速区带离心法。此法仅用于分离有一定沉降系数差的颗粒（20%的沉降系数差或更少）或分子量相差 3 倍的蛋白质，与颗粒的密度无关，大小相同，密度不同的颗粒（如线粒体，溶酶体等）不能用此法分离。

离心管先装好密度梯度介质溶液，样品液加在梯度介质的液面上，离心时，由于离心力的作用，颗粒离开原样品层，按不同沉降速度向管底沉降，离心一定时间后，沉降的颗粒逐渐分开，最后形成一系列界面清楚的不连续区带（图 6-23），沉降系数越大，往下沉降越快，所呈现的区带也越低，离心必须在沉降最快的大颗粒到达管底前结束，样品颗粒的密度要大于梯度介质的密度。梯度介质通常用蔗糖溶液，其最大密度和浓度可达 1.28 kg/cm^3 和 60%。此离心法的关键是选择合适的离心转速和时间。

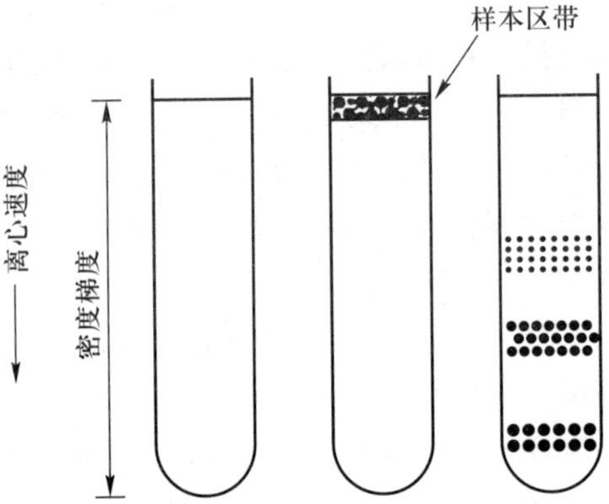

图 6-23　差速区带离心过程中不同密度沉降物的分离变化

（2）等密度区带离心法。离心管中预先放置好梯度介质，样品加在梯度液面上，或样品预先与梯度介质溶液混合后装入离心管，通过离心形成梯度，这就是预形成梯度和离心形成梯度的等密度区带离心产生梯度的两种方式。

离心时，样品的不同颗粒向上浮起，一直移动到与它们的密度相等的等密度点的特定梯度位置上，形成几条不同的区带（图 6-24），这就是等密度离心法。体系到达平衡状态后，再延长离心时间和提高转速已无意义，处于等密度点上的样品颗粒的区带形状和位置均不再受离心时间所影响，提高转速可以缩短达到平衡的时间，离心所需时间以最小颗粒到达等密度点（即平衡点）的时间为基准，有时长达数日。

等密度离心法的分离效率取决于样品颗粒的浮力密度差，密度差越大，分离效果越好，与颗粒大小和形状无关，但大小和形状决定着达到平衡的速度、时间和区带宽度。

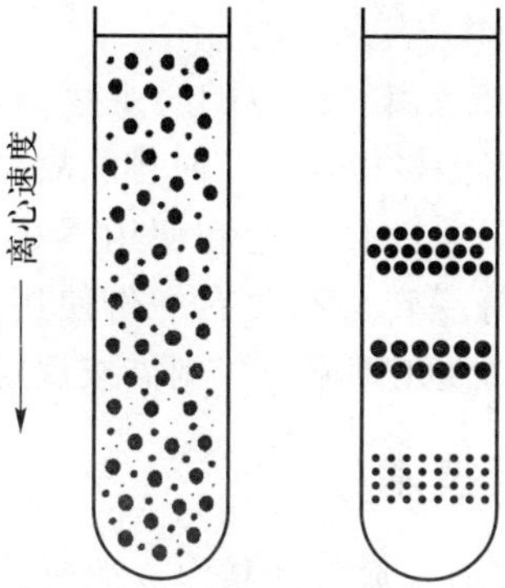

图 6-24 等密度区带离心过程中不同密度沉降物的分离变化

等密度区带离心法所用的梯度介质通常为氯化绝 C_sCl，其密度可达 1.7 g/cm^3。此法可分离核酸、亚细胞器等，也可以分离复合蛋白质，但简单蛋白质不适用。

收集区带的方法有许多种，常包括：① 用注射器和滴管由离心管上部吸出；② 有针刺穿离心管底部滴出；③ 用针刺穿离心管区带部分的管壁，把样品区带抽出。④ 用一根细管插入离心管底，泵入超过梯度介质最大密度的取代液，将样品和梯度介质压出，用自动部分收集器收集。

（五）离心操作的注意事项

高速与超速离心机是生化实验教学和生化科研的重要精密设备，因其转速高，产生的离心力大，使用不当或缺乏定期的检修和保养，都可能发生严重事故，因此使用离心机时都必须严格遵守操作规程。

（1）使用各种离心机时，必须事先在天平上精密地平衡离心管和其内容物，平衡时重量之差不得超过各个离心机说明书上所规定的范围，每个离心机不同的转头有各自的允许差值，转头中绝对不能装载单数的管子，当转头只是部分装载时，管子必须互相对称地放在转头中，以便使负载均匀地分布在转头的周围。

（2）装载溶液时，要根据各种离心机的具体操作说明进行，根据待离心液体的性质及体积选用适合的离心管，有的离心管无盖，液体不得装得过多，以防离心时甩出，造成转头不平衡、生锈或被腐蚀，而制备性超速离心机的离心管，则常常要求必须将液体装满，以免离心时塑料离心管的上部凹陷变形。每次使用后，必须仔细检查转头，及时清洗、擦干，转头是离心机中须重点保护的部件，搬动时要小心，不能碰撞，避免造成伤痕，转头长时间不用时，要涂上一层上光蜡保护，严禁使用显著变形、损伤或老化的离心管。

（3）若要在低于室温的温度下离心时。转头在使用前应放置在冰箱或置于离心机的转头室内预冷。

（4）离心过程中不得随意离开，应随时观察离心机上的仪表是否正常工作，如有异常的声音应立即停机检查，及时排除故障。

（5）每个转头各有其最高允许转速和使用累积限时，使用转头时要查阅说明书，不得过速使用。每一转头都要有一份使用档案，记录累积的使用时间，若超过了该转头的最高使用期限时，则需按规定降速使用。

九、放射免疫分析技术

γ免疫计数器主要用于血、尿等样品的γ放射性相对测量。广泛地用于核医学、现代分子生物学、分子药理学、临床医学、基础医学、预防医学、法医学等学科。它是诊断内分泌疾病、肿瘤、心血管疾病的主要检测设备。γ免疫计数器所使用的测试方法即放射免疫分析方法。

1960年，美国学者Yalow和Berson创立了放射免疫分析（Radioimmunoassay，RIA），并首先用于糖尿病人血浆中胰岛素含量的测定。这是医学和生物学领域中方法学的一项重大突破，开辟了医学检测史上的一个新纪元。它使得那些原先认为是无法测定的极微量而又具有重要生物学意义的物质得以精确定量，从而为进一步揭开生命奥秘打开了一条新的道路，使人们有可能在分子水平上重新认识某些生命现象的生化生理基础。其后30年中，内分泌科学的飞速进展，充分证明了这一超微量分析技术的巨大推动力。1977年，这项技术的发明者荣获诺贝尔生物医学奖。随后这一崭新的技术迅速渗透到医学科学的其他领域，如病毒学、药理学、血液学、免疫学、法医学、肿瘤学等，以及与医学生物学相关的学科，如农业科学、生态学及环境科学等。放射免疫分析的物质，由激素扩大到几乎一切生物活性物质。我国放射免疫分析研究起步于1962年，并迅速发展与普及，对我国生物医学的进展起着很大的促进作用。

（一）放射免疫分析的优缺点

1. RIA的优点

放射免疫分析具有许多其他分析方法无可比拟的优点。它既具有免疫反应的高特异性，又具有放射性测量的高灵敏度，因此能精确测定各种具有免疫活性的极微量的物质。

（1）灵敏度高。一般化学分析法的检出极限为 $10^{-3} \sim 10^{-6}$ g，而RIA通常为 10^{-9} g（毫微克，ng）、10^{-12} g（微微克，pg），甚至 10^{-15} g（毫微微克，fg）、10^{-18} g（微微微克，ag）。

（2）特异性强。由于抗原—抗体免疫反应专一性强，所被测物一定是相应的抗原。良好的特异性抗体，能识别化学结构上非常相似的物质，甚至能识别立体异构体。

（3）应用范围广。据不完全统计，目前至少已有300多种生物活性物质已建立了RIA。它几乎能应用于所有激素的分析（包括多肽类和固醇类激素），还能用于各种蛋白质、肿瘤抗原、病毒抗原、细菌抗原、寄生虫抗原以及一些小分子物质（如环型核苷酸等）和药物（如地高辛、毛地黄甙等）的分析，应用范围还在不断扩展。近年来由于小分子半抗原制备抗体的技术有很大的发展，有人预测几乎所有的生物活性物质，只要其含量不低于RIA的探测极限，都可建立适当的RIA法。

（4）操作简便。RIA所需试剂品种不多，可制成配套试剂盒；加样程序简单一次能分析大量标本，标本用量也少；反应时间不长；测量和数据处理易于实现自动化；RIA属体外分析技术，对患者无任何辐射危害。

2. RIA的缺点

（1）只能以免疫反应测得具有免疫活性的物质，对具有生物活性但失去免疫活性的物质是测不出的。因此RIA结果与生物测定结果可能不一致。

（2）由于使用了生物试剂，其稳定性受多种因素影响，需要有一整套质量控制措施来确保结果的可靠性。

（3）灵敏度受方法本身工作原理的限制，对体内某些含量特别低的物质尚不能测定。

（4）由于放射免疫分析是竞争性的反应，被测物和标准物都不能全部参与反应，测得的值是相对量而非绝对量。

（5）存在放射线辐射和污染等问题。

尽管RIA存在以上缺点，但它是定量分析方法的先进技术。随着科学技术的进步，放射免疫分析技术将会得到更加广泛、更加深入的发展。

（二）基本原理

放射免疫分析技术是把放射性同位素测定与抗原、抗体间的免疫化学反应两种方法巧妙地结合起来所形成的一种超微量物质的测定方法。

RIA的基本原理是利用标记抗原（*Ag）和非标记抗原（Ag）对特异性抗体（Ab）发生竞争性结合。竞争结合反应可用下式表示：

$$Ag^* + Ab = Ag^* Ab$$

$$+$$

$$Ag$$

$$\|$$

$$AgAb$$

在上述反应系统中，当只有 *Ag 和 Ab 时，只产生 *Ag-Ab 复合物，并保持可逆的动态平衡。如反应系统中同时加入 Ag，因 Ag 与 *Ag 免疫活性完全相同，故与 Ab 具有相同的亲和力。当 *Ag 为一定量、Ab 为有限量、Ag 与 *Ag 的量之和超过 Ab 上的有效结合位点时，*Ag-Ab 复合物的生成量与 Ag 的量之间呈一定的函数关系。即当 Ag 量少时，Ag-Ab 生成量多，而 *Ag-Ab 生成量增多，游离的 *Ag 减少。可见 *Ag-Ab 复合物生成量是受 Ag 含量制约的。因此，在放射免疫分析中，用已知不同浓度的标准物和一定量的 *Ag 及限量的 Ab 反应，采取一定方法将 B 与 F 分开，即可算出该标准物在各浓度下 *Ag-Ab 复合物的结合百分率（B/T）。

这一反应过程，可用以下简图（图 6-25）说明。标记抗原与非标记抗原对抗体有同等的结合能力。

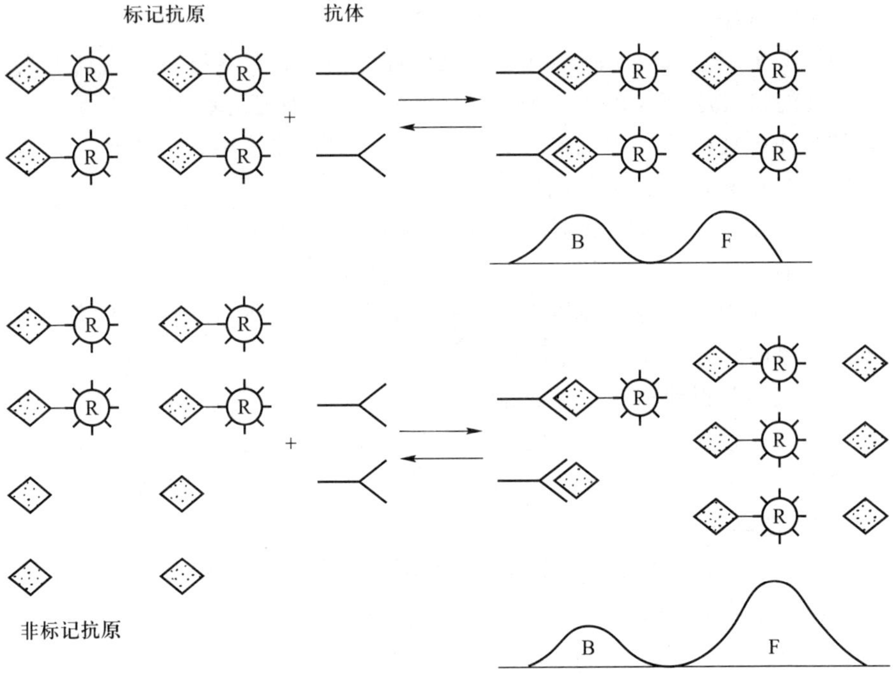

图 6-25　放射免疫分析原理示意图

从图中可见，当标记抗原与抗体量一定时，结合率（B/B+F）随抗原量增加而降低。在实际工作中，以 B/T 的值为纵坐标，标准物的浓度为横坐标，绘成曲线，即竞争性抑制曲线，或称准确曲线。将未知浓度的样品按同样条件操作，所得结合率（%）与标准曲线相比，即可查出样品中待测抗原的浓度。

放射免疫分析典型的操作程序如下：首先配制一系列已知浓度的标准溶

液，并各取一定体积；于其中加入一定量的标记抗原和特异性抗体；在一定条件下使之反应平衡后，采取适当方法将 B 与 F 分离；分别测量其放射性；绘制标准曲线（图 6-26）。对样品中抗原的测定，则可在同样条件下操作，在标准曲线上查得含量。

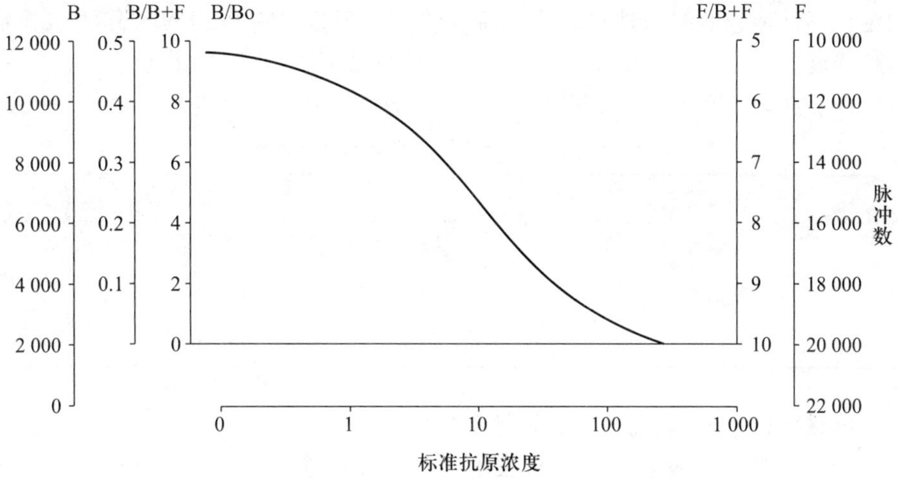

图 6-26 标准曲线

由此可见，要成功地进行放射免疫分析，必须解决好以下 3 个关键性技术问题。

（1）标记抗原。要求其纯度高、免疫化学活性好、比放射性强、用量适当。

（2）制备抗体。要求其特异性高、选用的稀释度适当。

（3）分离 B 与 F。理想的分离方法应当是分离完全、稳定可靠、操作简单、适用范围广。

（三）放射免疫分析的步骤

1. 放射免疫分析的基本试剂

（1）标准品。标准品是放射免疫分析法定量的依据，由于以标准品的量用来表示被测物质的量，故标准品与被测物质应当化学结构一致并具有相同免疫活性。标准品作为定量的基准。应要求高度纯化。标准品除含量应具有准确性外，还应具备稳定性，即在合理的贮存条件下保持原来的特性。

按实验要求，将标准品用缓冲液配成含不同剂量的标准溶液，用于制作标准曲线。

（2）标记物。标记抗原应具备：① 比放射性高，以保证方法的灵敏度；② 免疫活性好；③ 所用的核素的半衰期尽可能长，标记一次可较长时间使用，这对来之不易的抗原尤其重要；④ 标记简便、易防护。

要准确测量 B 与 F 的放射性，必须有足够的放射性强度。所选用的标记抗原的量，在使用^{125}I 时达 5 000～15 000 cpm。

（3）抗体。应选择特异性高、亲和力强及滴度好的抗体，用于放射免疫测定。根据稀释曲线，选择适当的稀释度，一般以结合率为 50%作为抗血清的稀释度。

（4）B 与 F 分离剂。2%加膜活性炭溶液的配制方法见表 6-1。

表 6-1　2%加膜活性炭溶液的配制方法

试剂	含量
活性炭	2 g
右旋糖酐 T_{20}	0.2 g
0.1 mol/L PB	100 mL

电磁搅拌 1 h，然后置于变通冰箱待用。

（5）缓冲液。放射免疫分析技术所用的缓冲液有多种，要通过实验选用抗体和抗原结合最高的缓冲液。

目前最常用的缓冲液有下列几种：① 磷酸盐缓冲液；② 醋酸盐缓冲液；③ 巴比妥缓冲液；④ Tris-HCl 缓冲液；⑤ 硼酸缓冲液。其中以磷酸盐缓冲液应用最多。

在缓冲液中，除必须有弱酸及弱酸的盐成分外，还应根据不同检测项目加入下列物质：

① 保护蛋白：常用的有牛血清白蛋白或白明胶，浓度为 0.1%～0.2%，用以降低试管对抗原的非特异性吸附。

② 防腐剂：多采用 0.1%叠氮钠、0.01%柳硫汞、溶菌酶或抗菌素。

③ 酶抑制剂：如测定心钠素等肽类激素时，要加入适量的抑肽酶，用以抑制血浆内源性水解酶对待测物的降解；又如测定 cAMP、cGMP 时，需加入 EDTA · Na_2，抑制磷酸二酯酶的活性。

④ 阻断剂：在测定甲状腺激素或测定某些甾体激素时，必须加阻断剂，使和蛋白质相结合的激素，变为游离型。常用的阻断剂有 8-苯胺-1-萘磺酸、柳硫汞、水杨酸钠、三氯醋酸钠等。

⑤ 载体蛋白：采用二抗作 B 与 F 分离剂时，要向反应液中加入适量与第一抗体同种动物的正常血清。在测定不含有血浆蛋白的样品时，用 PEG 沉淀剂分离 B、F，必须加适量 γ 球蛋白或正常人混合血清。

2. 加样程序

由于抗原、标记抗原和抗体三者加样次序不同，而出现下列两种加样程序：

(1) 平衡饱和加样程序。

① 基本原理：抗原和抗体反应达到再不结合，也不解离的平衡状态，称为饱和状态，即平衡饱和。所以，有人称此为饱和分析法。这意味着抗原或被测抗原、标记抗原、抗体三者一起温育。

② 加样程序：一般先加标准物或被测样品，再加抗血清，最后加标记物后。孵育后再加 B/F 分离剂。这样的顺序是让标准物或被测物与抗体有短暂的结合，提高抗原的竞争抑制能力。表 6-2 是 β-EP 测定的加样程序就是饱和加样程序。

表 6-2 β-EP 测定的加样程序（单位 μL；总反应体积 500 μL）

	T	NSB	标准品							样品
			Bo	5 pg	10 pg	50 pg	100 pg	500 pg	1 ng	
管号	1	2	3	4	5	6	7	8	9	10
β-EP 标准液	—	—	—	100	100	100	100	100	100	—
样品	—	—	—	—	—	—	—	—	—	1
β-EP 抗血清	—	—	100	100	100	100	100	100	100	100
^{125}-β-EP	100	100	100	100	100	100	100	100	100	100
缓冲液	—	400	300	200	200	200	200	200	200	299
孵育：4 ℃，24 h										
分离 B 与 F：每管加入 2%加膜活性炭溶液 300 μL，摇匀，立即离心，去上清，测沉淀（F）的 CPM 数										

在小分子半抗原的放射免疫分析中，标记抗原和未标记抗原与抗体结合的亲和力常常是不相同的，前者比后者的亲和力高。因此，上述加样程序就更有必要，所以一般都采用先加标准物或样品和抗血清，后加标记物，这样测定比较稳定。

在大分子蛋白质抗原的放射免疫分析中，如果是双抗体分离法，抗原和标记抗原与抗体三者加样，可不分先后，有的是标准物、标记物、抗血清的加样顺序，但一般习惯还是标准物或血样、抗血清、标记物，然后混匀温育 24～48 h，再加双抗体，继续温育 24 h，使免疫反应达到平衡。对一些多肽激素的放射免疫分析，应用双抗体分离法，其流程比较长，这样的顺序同样可不分先后。

（2）顺序饱和加样程序。

① 基本原理：先将标准物或血样品与抗血清混匀，免疫反应 6~24 h，使抗原与抗体充分结合，甚至达到平衡，然后再加入标记抗原，与抗体反应 12~24 h，最后分离 B 与 F，这称为顺序饱和分析法。

② 加样程序：一般先加标准物或被测样品，再加抗血清，孵育后一段时间让抗原和抗体充分结合，再加入标记物，充分孵育后再加 B/F 分离剂。表 6-3 是人血浆精氨酸加压素 RIA 测定程序就是顺序饱和加样程序。

表 6-3　人血浆精氨酸加压素 RIA 测定程序（单位 μL；总反应体积 600 μL）

	标准曲线									血浆
	T	NSB	Bo	1 Pg	5 Pg	10 Pg	50 Pg	100 Pg	500 Pg	
管号	1	2	3	4	5	6	7	8	9	10
AVP 标准液	—	—	—	100	100	100	100	100	100	—
样品	—	—	—	—	—	—	—	—	—	300
无肽血浆	—	300	300	300	300	300	300	300	300	—
AVP 抗血清	—	—	100	100	100	100	100	100	100	100
缓冲液	—	200	100	—	—	—	—	—	—	100
在 4 ℃下孵育 12~24 h										
^{25}I-AVP	100	100	100	100	100	100	100	100	100	100
孵育：4 ℃，24 h										
分离 B 与 F										

无肽血浆，用于血浆的直接测定。其制备方法为：在电磁搅拌下，抽取 2%加膜活性炭溶液 5 mL，共 2 管，离心、去上清。血浆 5 mL，倒入上述活性炭管中，加盖，充分振荡 10 min，离心，上清倒入上述另一活性炭管中，振荡 10 min，再离心，取上清，即无肽血浆。血浆中的生物活性物质被活性炭吸附而去除。

应用顺序饱和加样，可以提高测定方法的灵敏度。Utiger 在做人促甲状腺激素（TSH）放射免疫分析时，将标记物延至第 2 天加入，发现其灵敏度增加 2 倍。如果缩短最后的温育时间，仍可取得满意的结果。所以一般认为，在顺序饱和加样中，第 1 次温育时间可以长，而第 2 次温育时间要短，这样可以提高灵敏度。但也有相反的意见，认为顺序饱和加样是使用过量抗体，会使灵敏度受到一定影响。如果使用抗体不过量，温育时间缩短，在抗原和抗体结合未达到平衡饱和时就加入标记物，这样既不影响加灵敏度，反而比较稳定，甚至可提高灵敏度。

3. 计数、绘制标准曲线与测定样品含量

在 γ 计数器上，读取各管沉淀物的 cpm。T-NSB 的 cpm，为 B 的 cpm 数。

计算标准管与样品管结合（B）的 cpm 数及与零标准管结合（B_0）的比（$B/B_0\times100\%$）。

用半对数纸，以标准管的 B/B_0 为纵坐标，以各标准管含量为横坐标，绘制标准曲线。

根据样品的结合率（$B/B_0\times100\%$），从标准曲线中找出被测样品抗原的含量，再换算成每毫升血浆含某抗原的量，或每毫克（组织湿重）含某抗原的量。

（四）放射免疫分析的质量控制

1. 质量控制的目的和内容

放射免疫分析的质量控制实际上就是控制测定误差，监督测定结果。一方面对测定结果做精确分析；另一方面鉴定常规测定方法，对那些测定结果不好的方法加以改进，并建立新的测定方法。质量控制主要包括以下四个方面：

（1）在一个测定方法内产生的误差。

（2）在同一实验室内不同方法之间产生的误差。

这两种情况属于内部质量控制。

（3）用同一测定方法，在各实验室之间产生的误差。

（4）采用不同方法，在各实验室之间产生的误差。

后两种情况属于外部质量控制。

2. 放射免疫分析中造成测量误差的因素

误差包括系统误差和随机误差。系统误差发生在测量过程中由于仪器不准、试剂不纯、标准品不稳定等原因，使测定结果呈倾向性偏大或偏小，这种误差应力求避免。随机误差是测量过程中各种偶然因素造成的，没有固定的倾向性，这类误差是不可避免的，必要时做统计学处理。

造成误差的可能来源有以下几个方面：

（1）设备的准确性、稳定性、效率以及被污染等情况带来的误差。如：① 由于放射性测量仪器的稳定性、效率、样品试管的材料和均匀性及被测物的放射性强度等原因；② 由于样品的自吸收，本底校正，测定时间，可能的污染等原因；③ 在试验室中所有的移液管、微量取样器以及天平的刻度、校准和使用方法等原因；④ 由于反应试管、移液管以及测定用试管等表面清洁度和所引起的不同吸附等原因都可以对测定结果带来误差。

（2）试剂的纯度、质量和稳定性。如标记抗原的比度、纯度，辐射自分解，抗体的稳定性，分离剂、阻断剂及缓冲液等试剂的纯度等。

（3）在放射免疫分析中一些基本操作。如取样、提取、沉淀、分离以及保温条件不适当等造成的误差。由于工作人员熟练程度不同也常常带来误差，如操作移液管垂直程度、下流速度、吹气与不吹气等。工作人员草率、不按规程操作等也都可以造成误差。

（4）样品误差。样品的收集方法、贮存温度、放置条件，微量样品取样的准确度，样品可能造成的污染以及样品的变性（如免疫反应活性的降低、蛋白质的变性等）也都能造成测量的误差。

（5）提取及层析分离过程中的丢失。

3. 放射免疫分析中测量误差的控制

（1）选择准确性高的方法。对各种方法进行比较，淘汰粗糙及难以重复的方法。

（2）建立方法对比。用相同的测量方法和不同的测量方法在同一实验室和不同实验室，在同一地区和不同地区，在同一时间和不同时间，对同一样品进行对比，检查产生误差的原因。

（3）建立各种类型的标准。对标准品应规定纯度及制备方法，使用年限及贮存条件。

（4）建立操作规程，按章操作。对使用的试剂、仪器设备要经常检查其有效性，更换试剂时应进行必要的鉴定，必要时对测定方法要做重复性试验和回收试验。

（5）建立可靠的检查制度。经常对测定结果进行核查，利用控制血清、标准血清检查每批结果的准确性。

主要参考文献

1. 夏宗勤. 实验核医学与核医学［M］. 上海：同济大学出版社，1989，1.
2. 尹伯元. 放射免疫测定基础［M］. 天津：天津科学技术出版社，1985，8.
3. 李振甲，韩春生，王连勋. 实用放射免疫学［M］. 北京：科学技术文献出版社，1989，5.
4. 李振甲，王仁芝. 激素的放射免疫分析［M］. 北京：科学技术文献出版社，1985.
5. 赵惠扬，张承刚. 实用核医学［M］. 太原：山西人民出版社，1984，3.
6. 尹伯元. 放射免疫分析在医学中的应用［M］. 北京：原子能出版社，1991，6.
7. 宁朝佑，等. 催产素的放射免疫分析［J］. 中华核医学杂志，1987，7：224~497.
8. 汪海燕. 有氧运动对大学女生单纯性肥胖的疗效分析［J］. 中国康复医学杂志. 2003；18（8）：495~496.
9. 顾丽燕，张一民. 有氧运动对老年人活体骨矿物质含量影响的研究［J］. 体育科学. 2000，20（6）：55~59.
10. 刘大男，何作云. 运动锻炼对血脂异常患者血清黏附分子、细胞因子水平的影响［J］. 中华物理医学与康复杂志. 2004，26（11）：678~681.
11. 涂相仁. 女大学生健美操锻炼 1 年前后身体成分和心肺功能的变化［J］. 中国运动医学杂志. 2005，24（5）：604~605.
12. 史长华，唐树戈. 普通化学实验［M］. 北京：科学出版社，2001.
13. 吴耀生. 新编生物化学实验［M］. 北京：人民卫生出版社，2002.
14. 魏群. 分子生物学实验指导［M］. 北京：高等教育出版社，1999.
15. 喻红. 医学生物化学与分子生物学实验技术［M］. 武汉：武汉大学出版社，2003.
16. 周俊宜. 分子生物学基本技能和策略［M］. 北京：科学出版社，2003.
17. 李凌阁，赵云胜. 基础化学实验［M］. 沈阳：辽宁大学出版社.
18. 兰州大学，复旦大学化学系有机化学教研室. 有机化学实验（第二版）［M］. 北京：高等教育出版社，1994.
19. 南京大学大学化学实验教学组. 大学化学实验［M］. 北京：高等教育出版社，1999.

20. 刘约权，李贵深. 实验化学［M］. 北京：高等教育出版社，1999.
21. 武汉大学. 分析化学实验（第二版）［M］. 北京：高等教育出版社，1985.
22. 徐功骅，蔡作乾. 大学化学实验（第二版）［M］. 北京：清华大学出版社，1997.
23. 赵士铎. 定量分析［M］. 北京：中国农业科技出版社，1996.
24. 吴泳，大学化学新体系实验［M］. 北京：科学出版社，1999.
25. 朱风岗. 农科化学实验［M］. 北京：中国农业出版社，1997.
26. 叶非. 有机化学实验［M］. 哈尔滨：黑龙江教育出版社. 1997.
27. 赵明宪，马文英. 普通化学实验［M］. 沈阳：吉林科学技术出版社，1997.
28. 王家良. 临床流行医学—临床科研设计、衡量与评价. 上海：上海科学技术出版社，2001.
29. 熊立凡. 临床检验基础（第3版）. 北京：人民卫生出版社，2003.
30. 罗春丽. 临床检验基础（第2版）. 北京：人民卫生出版社，2003.
31. 侯振江. 新编临床检验医学. 北京：人民卫生出版社，2004.
32. 彭黎明. 检验医学自动化及临床应用［M］. 北京：人民卫生出版社，2003.
33. 刘达庄. 免疫血液学［M］. 上海：上海科学技术出版社，2002.
34. 王鸿利. 实验诊断学［M］. 北京：人民卫生出版社，2001.
35. 普照芳，程建才. 临床检验仪器学［M］. 北京：人民卫生出版社，2001.
36. 李影林. 中华医学检验全书［M］. 北京：人民卫生出版社，2000.
37. 孙荣武，王鸿利. 临床实验诊断学［M］. 上海：上海科学技术出版社，2001.
38. 巫向前. 临床检验结果的评价［M］. 北京：人民卫生出版社，2000.
39. 孔祥明. 临床检验正常参考值手册［M］. 北京：军事医学科学出版社，2002.
40. 袁汉光. 临床检验诊断学［M］. 广州：广州科技出版社，2002.
41. 杨春生，宋乃国. 临床检验学［M］. 天津：天津科学技术出版社，1998.
42. 王庸晋. 现代临床检验学［M］. 北京：人民军医出版社，2001.
43. 张秀明，李健斋，魏明竟，等. 现代临床生化检验学. 北京：人民军医出版社，2001.
44. 史苍柏，刘彦虹. 现代临床检验分析手册［M］. 北京：中国中医药出版社，1998.
45. 梅振武，潘柏申. 最新临床检验手册［M］. 长沙：湖南科学技术出版社，

2001.
46. 冯连世，李开刚．运动员机能评定常用生理生化指标方法及应用［M］．北京：人民卫生出版社，2002
47. 冯连世，冯美云，冯炜权．优秀运动员身体机能评定方法［M］．北京：人民体育出版社，2003.
48. 冯连世，冯美云，冯炜权．运动训练的生理生化监控方法［M］．北京：人民体育出版社，2006.
49. 张蕴琨，丁树哲．运动生物化学［M］．北京：高等教育出版社，2006.
50. 张蕴琨，丁树哲．运动生物化学［M］．北京：高等教育出版社，2014.
51. 徐克前，李艳．临床生物化学检验［M］．武汉：华中科技大学出版社，2013.
52. 冯文莉，樊绮诗．医学检验实验教程［M］．北京：人民卫生出版社，2012.
53. 施新猷，现代医学实验动物学［M］．北京：人民军医出版社，2000.
54. 高英杰，郝林琳．高级生物化学实验技术［M］．北京：科学出版社，2011.
55. 陈小萍，林国斌，郑丽红．影响动物肝糖原测定因素的分析［J］．中国卫生检验杂志，1999，9（4）.
56. 陆菊明，谷伟军．血酮体测定方法及临床应用进展［J］．药品评价，2008，5（12）.
57. 朱启娥．血氨对运动应答的变化规律及应用方法研究［J］．咸宁学院学报，2010，（6）.
58. 万利．浅析运动强度对运动员血氨值的影响及相关研究［J］．四川体育科学，2003，（3）.
59. 易斌，魏桂芬，唐银．血清 β-羟丁酸测定方法的建立及其在糖尿病酮症酸中毒中的意义［J］．湖南医科大学学报，2001，26（2）.